POURQUOI
LA TOLÉRANCE

Philippe Sassier

Pourquoi la tolérance

Fayard

INTRODUCTION

Nous tolérons comme Monsieur Jourdain fait de la prose, car il nous faut bien accepter que les choses ne soient pas comme nous voudrions qu'elles soient. Notre tolérance est faite d'impuissance, de lassitude, au point qu'on pourrait parfois la prendre pour de l'indifférence. La tolérance est une évidence[1].

L'intolérance, elle aussi, semble aller de soi. L'histoire religieuse en témoigne abondamment. Entre l'humble secte affirmant qu'il faut tolérer les croyances des autres et le parti majoritaire écrasant toute dissidence, il n'est bien souvent que le temps de l'accès à la puissance : la chrétienté des premiers siècles devint vite intransigeante après la conversion du pouvoir impérial, mais elle prêcha à nouveau la tolérance lorsque l'hérésie arienne sévit au sommet de l'État. Les théologiens de la Réforme forgèrent eux aussi leur rigueur à proportion de leur succès, tel Calvin, d'abord auteur d'une « Exhortation à la tolérance[2] », se faisant bientôt tyran à Genève. Cela

---

1. Michaël Walzer, *Critique et Sens commun*, Agalma/La Découverte, 1990, p. 69.
2. À l'adresse de François Ier, dans sa préface à *L'Institution chrétienne*. Cité par Stefan Zweig, *Castellion contre Calvin*, texte français d'Alzir Hella, Grasset, 1946, p. 80.

est de l'histoire ancienne : la plus récente délivrerait les mêmes leçons.

Qu'en position de faiblesse nous nous inventions de bonnes raisons pour accepter ce que nous jugeons intolérable, ou que, prétendant disposer de pouvoir, nous tentions de justifier ce que nous ne pouvons en réalité que subir, le fait est là : nous considérons la tolérance comme une vertu et non pas comme une soumission à l'inéluctable[3]. La tolérance qui nous est prescrite n'est ni impuissance, ni indifférence. Ne consiste-t-elle pas à s'abstenir volontairement d'agir, à laisser « faire ce qu'on pourrait empêcher ou combattre[4] » ? Elle se veut non pas désintérêt à l'égard de ce que nous désapprouvons, mais respect : « Des croyances que je ne partage pas, des opinions que je crois fausses, des comportements qui me choquent, doivent pouvoir se manifester pleinement[5]. »

Pourquoi « s'abstenir d'intervenir dans les actions et dans les opinions d'autres personnes, alors même que ces opinions ou actions nous paraissent désagréables, [...] franchement déplaisantes [...] ou moralement répréhensibles[6] » ? Pourquoi donc se dispenser de faire en sorte que toutes choses soient, selon nous, au mieux ? Le propos de cet ouvrage est de montrer, au travers de

3. Paul Ricœur, « Tolérance, intolérance, intolérable », *Bulletin de la Société d'histoire du protestantisme français*, n° 134, 1988-2, p. 435-450.

4. André Comte-Sponville, *Petit Traité des grandes vertus*, PUF, 1995, p. 212.

5. Roger-Pol Droit, « Les deux visages de la tolérance », in *Tolérance, j'écris ton nom*, ouvrage collectif, Unesco, Saurat, 1995, p. 17.

6. Monique Canto-Sperber, « Les limites de la tolérance », in *Jusqu'où tolérer ?*, textes réunis et présentés par Roger-Pol Droit, Le Monde-Éditions, 1996, p. 131-145.

l'évolution de l'idée de tolérance, les réponses qui ont été apportées à cette question.

Le mot *tolérance*, du latin *tolerare*, « supporter », est apparu au début du XVIᵉ siècle. En cinq siècles, sa définition n'a cessé de s'élargir : à l'origine, la tolérance désignait une *attitude concrète* du *prince* à l'égard de la *religion*, et non, comme aujourd'hui, une *disposition d'esprit* de l'*individu* à l'égard des *pensées* et des *actions* d'autrui. À l'heure de la Réforme, quand l'unité de la vérité chrétienne vole en éclats et que s'affirment les pouvoirs d'État, la question se pose de leur attitude face à la diversité des croyances. Un prince doit-il forcer son peuple à adhérer à la vérité ou à y demeurer ? La tolérance relève alors de la sphère publique et désigne la politique qui consiste à ne pas sévir en matière de vérité religieuse ainsi que l'attitude personnelle du prince qui la met en œuvre. La question de la tolérance se pose alors en ces termes : celui qui dispose du pouvoir peut-il, au risque de son salut, supporter ce qu'il pense ne pas être la vérité et le bien ? En fait, la même question se pose à tout homme en situation d'agir sur son semblable, puisque le prince est le modèle de l'homme libre. Ainsi, peu à peu, se fait jour l'idée d'une tolérance « privée ». À la fin du XVIIIᵉ siècle, la tolérance, tout en continuant à désigner un comportement d'État, est déjà l'attitude individuelle qu'elle est aujourd'hui, « un mode souhaitable de relations interpersonnelles[7] ».

L'objet de la tolérance s'est lui aussi déplacé. Ses partisans l'ont d'abord revendiquée à propos des idées et des comportements religieux. Avec Spinoza, l'idée de

---

7. Élisabeth Labrousse, « L'émergence de la liberté de conscience », in *La Tolérance, république de l'esprit*, actes du colloque « Liberté de conscience, conscience des libertés », Toulouse, 26-28 novembre 1987, Paris, Les Bergers et les Mages, 1988, p. 45-46.

tolérance s'élargit à la pensée profane. Même si, au XVIIIᵉ siècle, Rousseau, Voltaire ou Turgot parlent encore de tolérance religieuse, Malesherbes, l'abbé Morellet ou l'abbé Grégoire (par exemple) la défendent à propos des idées et des attitudes en général.

Enfin, d'une abstention de faire, la tolérance tend à devenir une abstention en pensée, une disposition d'esprit préexistant à la tolérance en actes. Un parallèle s'impose ici avec la destinée de l'idée d'intolérance, synonyme jusqu'à la fin du XVIIIᵉ siècle de bûchers, assassinats, persécutions, interdictions civiles et vexations multiples. Certes, l'attitude intérieure censée l'expliquer n'est pas ignorée ; ainsi, l'humaniste Sébastien Castellion, lorsque Michel Servet est condamné à être brûlé vif, demande à Calvin au nom de quoi il l'a fait condamner et au nom de quoi il estime avoir raison plus qu'un autre. Il renvoie ainsi l'intolérance en action à une attitude psychologique, mais ne nomme pas encore celle-ci intolérance. Au XVIIIᵉ siècle, l'évolution est faite : Voltaire y voit une attitude mentale conduisant à estimer coupable *a priori* celui qui ne pense pas comme nous. C'est sans doute chez Rousseau que l'intolérance, en deçà d'un comportement violent, est le plus explicitement intériorisée : « J'appelle intolérant [...] tout homme qui s'imagine qu'on ne peut être homme de bien sans croire tout ce qu'il croit, et damne impitoyablement tous ceux qui ne pensent pas comme lui[8]. » L'intolérant n'est plus seulement celui qui pille, tue ou persécute au nom de la vérité, c'est aussi le pécheur en pensée, celui qui « s'imagine ». Nous ne sommes pas loin de l'intolérant

---

8. Jean-Jacques Rousseau, lettre à Voltaire du 18 août 1756, in *Œuvres complètes*, Gallimard, « Bibliothèque de la Pléiade », t. IV, 1969, p. 1073.

d'aujourd'hui, dont nous redoutons tant qu'il ne passe aux actes.

L'idée de tolérance suit symétriquement cette évolution : d'abord suspension d'un geste – ne pas tuer les hérétiques –, elle est ensuite suspension de jugement. Alors que Castellion y voyait la renonciation à la torture et à la mise à mort, nous pensons aujourd'hui refus des idées négatrices de la personne humaine.

Le mot « tolérance » recouvre donc des attitudes très diverses, dont on peut deviner qu'elles se sont souvent mêlées. Malgré ces écarts de signification, les plaidoyers sur la tolérance ont un dénominateur commun : tous exposent les raisons que l'on a de s'abstenir de penser, ou d'agir, contre ce que l'on désapprouve.

La « tolérance » commence à prendre un sens positif à la fin du XVIᵉ siècle, en particulier dans les libelles défendant l'édit de Nantes[9]. Ce sens positif se confirme dans le dernier tiers du XVIIᵉ siècle, au cœur de ces Pays-Bas qui accueillent tout ce que l'Europe compte de dissidences, après la révocation de l'édit de Nantes en 1685 et la Révolution anglaise de 1688. C'est alors que trois philosophes posent les « grands principes » fondateurs de la tolérance : Spinoza, dont le *Traité des autorités théologique et politique* est publié en 1670, Bayle, auteur de *Ce que c'est que la France toute catholique* (1686), et Locke, à qui l'on doit une *Lettre sur la tolérance* (1689)[10]. Bayle affirme qu'il faut être tolérant pour que l'homme puisse suivre sa conscience qui est la voix de Dieu en lui. Locke s'interroge sur les fins du gouvernement civil et sur la pertinence de ses moyens par rapport à ses fins.

---

9. Barbara de Negroni, *Intolérances. Catholiques et protestants en France, 1560-1787*, Hachette, 1996, p. 45.

10. Ghislain Waterlot, « Voltaire ou le fanatisme de la tolérance », *Esprit*, n° 224, août-septembre 1996, p. 114-139.

Spinoza écrit que la liberté de penser est le propre de l'homme. Toutes les grandes raisons d'être tolérant – celles du passé comme celles des siècles futurs – sont déjà là. L'une justifie la tolérance par la nécessité d'obéir, autrement dit par une logique d'ordre ; une autre par un impératif d'utilité, qu'il s'agisse du salut éternel ou du bien public ; une autre enfin par celui de liberté.

Les arguments qu'invoquent Spinoza, Locke et Bayle résument assez bien l'entrelacs des différentes raisons, parfois contradictoires, qui, du XVIe siècle à nos jours, tresse une justification de la tolérance. Leurs contributions presque simultanées précèdent immédiatement la consécration de la tolérance en tant que valeur au XVIIIe siècle. De faiblesse ou de tiédeur qu'elle était le plus souvent, elle devient alors telle que nous la ressentons en cette aube du IIIe millénaire : « un signe d'amour de l'humanité et de respect des droits imprescriptibles de l'homme, l'intolérance s'apparentant, quant à elle, à la cruauté et à la persécution[11] ».

---

11. Negroni, *Intolérances...*, *op. cit.*, p. 198.

I

Au nom de l'ordre

« Ordre », « ordre des choses », « commandement »,
« obéissance », « soumission » : Pierre Bayle, le plus
grand théoricien de la tolérance, ne cesse d'en appeler à
ces principes. Calvin, ce « fanatique de la subordination » selon l'expression de Stefan Zweig[1], répétait déjà
que dans l'état d'imperfection et d'abaissement qui
caractérise l'homme, seule l'obéissance peut le garder de
faire le mal auquel il s'en va tout droit lorsqu'il est laissé
à lui-même. Cette vision de la conduite humaine est au
cœur de la science politique jusqu'au XVIIIᵉ siècle.

Que le devoir de l'homme soit d'obéir, les avocats de
la tolérance n'en doutent pas, bien au contraire. La tolérance est elle-même un ordre auquel chacun doit se
conformer, affirme Bayle : elle est obéissance à des
commandements ; elle est aussi respect, acceptation
d'un ordre des choses que l'homme ne saurait
contredire.

1. Zweig, *Castellion contre Calvin*, *op. cit.*, p. 29.

1

Du principe d'obéissance

Obéir à Dieu, c'est-à-dire à sa conscience

Il faut obéir à Dieu, « quand bien même le monde dût périr », proclame Luther[1]. Pendant les conflits de religion des XVIe et XVIIe siècles, réformés et catholiques s'accusent réciproquement de se soumettre à la parole humaine plus qu'à celle de Dieu.

Les protestants contestent l'autorité spirituelle de l'Église. Ils considèrent que seul le Livre est la Parole de Dieu ; au nom de l'obéissance à Dieu, le chrétien ne saurait remettre à aucune instance humaine le soin d'interpréter la Parole. Mais les catholiques affirment que se soumettre à Dieu est se soumettre à l'Église[2], puisque celle-ci assure la transmission de la Révélation

---

1. Indigné par le non-respect du sauf-conduit donné à Jean Hus, Luther avait eu ce cri : « Dieu a commandé de respecter les sauf-conduits et il fallait les respecter, quand bien même le monde eût dû périr... » (*À la noblesse chrétienne de la nation allemande*, in *Les Grands Écrits réformateurs*, traduction, introduction et notes par Maurice Gravier, préface de Pierre Chaunu, Flammarion, 1992, p. 175).

2. Jean Pey, *La Tolérance chrétienne opposée au tolérantisme philosophique, ou Lettres d'un patriote au soi-disant curé sur son Dialogue au sujet des protestants*, Fribourg, Les Libraires associés, 1784, p. 25.

sans interférence humaine. Le père Coton, confesseur d'Henri IV, le dit sans ambages : laisser à chacun l'accès direct à l'Écriture revient à s'en remettre aux « décisions arbitraires des hommes[3] ». Des opinions, dira Bossuet, dont les « variations » sont le propre de l'homme.

C'est sous la bannière de la soumission à Dieu seul que se rangent les premiers appels à la tolérance. Ainsi Leupold Scharnschlager qui, en 1535, défend le mouvement anabaptiste, devant le magistrat de Strasbourg, en se référant aux Actes des Apôtres : « Pierre et Jean dirent alors : "Jugez vous-mêmes s'il est juste devant Dieu de vous obéir davantage qu'à Dieu" ; ou comme ils dirent encore : "Il faut obéir à Dieu plus qu'aux hommes[4]." »

Mais que signifie « obéir à Dieu » ? Depuis le XIIe siècle, autour des idées d'Abélard, puis de Thomas d'Aquin, cette question a suscité de longs débats au sein de la chrétienté. Pour l'Église, si la vérité divine est une révélation qui s'inscrit dans l'histoire, elle est aussi présence intemporelle et s'adresse à chaque homme au travers de sa conscience. La conscience oblige, même lorsqu'elle est erronée, dit Thomas d'Aquin, car la volonté ne consent au bien « que sous l'aspect que la raison lui propose, en sorte que si celle-ci le lui propose comme un mal, la volonté agira mal en y adhérant[5] ». Agir en conscience, c'est agir en accord avec sa raison, laquelle est la manifestation, en l'homme, de Dieu lui-même.

---

3. *Genève plagiaire ou Vérification des dépravations de la parole de Dieu qui se trouvent ès bibles de Genève*, 1618, cité par Negroni, *Intolérances..., op. cit.*, p. 81.

4. Ac 4, 19, et 5, 29. Leupold Scharnschlager, « Appel à la tolérance, adressé au magistrat de Strasbourg », *Conscience et liberté*, 1983, n° 25, p. 103-108.

5. « Secundum quod a ratione proponitur... », *S.T.*, I, II, q. 19, a. 5c.

D'emblée, dans la théologie chrétienne, raison et conscience apparaissent donc comme indissociables.

Les néoplatoniciens du XVIe siècle insistent sur l'idée que les hommes doivent obéir à la raison, cette autorité supérieure à toutes les autorités terrestres parce que d'essence divine. Déjà Nicolas de Cues (1401-1464), qui participa au concile de Bâle, décrivait le royaume céleste comme une « région rationnelle[6] ». L'humaniste protestant Castellion, dans son essai sur *L'Art de douter et de croire, d'ignorer et de savoir* (1563), place la raison sur le même plan que la Révélation ; elle lui est même antérieure : « Elle fut avant toutes les Écritures et cérémonies, avant même la création du monde [...]. Discours éternel de Dieu, de beaucoup plus ancien et plus sûr que les Écritures et les cérémonies, c'est selon elle que vécut Jésus-Christ lui-même, le fils du Dieu vivant, [...] discours continu de la vérité qui ne cesse de parler éternellement au-dedans de nous[7]. »

En 1686, Pierre Bayle, dont les écrits auront une immense influence, définit la raison comme une « lumière primitive et universelle que Dieu répand dans l'âme de tous les hommes ». L'homme doit faire appel à cette « voix du Maître intérieur [qui] n'est autre que le Verbe divin en nous[8] », en particulier pour interpréter l'Écriture, faute de quoi il ne peut avoir de la divinité que

---

6. *De pace fidei*, libelle sur la prise de Constantinople par les Turcs, cité par Joseph Lecler, *Histoire de la tolérance au siècle de la Réforme*, t. 1, Desclée de Brouwer, 1955, p. 127.

7. Sébastien Castellion, *De l'art de douter et de croire, d'ignorer et de savoir* (1563), trad. Ch. Baudouin, Genève-Paris, 1953, p. 127.

8. Pierre Bayle, *Ce que c'est que la France toute catholique* (1686), Vrin, 1973, éd. par Élisabeth Labrousse avec la collaboration de H. Himelfarb et R. Zuber, note 156, p. 129.

des idées incohérentes et contradictoires[9]. Au nom de l'obéissance à Dieu, il ne saurait remettre à aucune autorité humaine le soin d'interpréter les vérités qui lui sont présentées. « La conscience, par rapport à chaque homme, est la voix et la loi de Dieu, connue et acceptée pour telle par celui qui a cette conscience[10]. » Celui qui va contre la loi de sa conscience va à l'encontre de la « loi éternelle et immuable » d'obéissance à Dieu[11]. À l'inverse, « tout hommage rendu à la conscience, toute soumission à ses jugements et à ses arrêts, marque qu'on respecte la loi éternelle[12] ». C'est l'obéissance à Dieu qui impose à l'homme de ne pas se reconnaître d'autre maître que sa conscience ; c'est elle aussi qui lui impose de ne pas opprimer celle de son prochain.

Aubert de Versé, dans son *Traité de la liberté de conscience* (1687), reprend le même raisonnement : « Les hommes mêmes seraient plus forts que Dieu et auraient plus de pouvoir que lui ! Puisque Dieu commandant une chose au fond du cœur, et le magistrat une [autre] contraire au-dehors, il faudrait obéir au magistrat plutôt qu'à Dieu[13]. » Turgot posera la même question au milieu du XVIIIe siècle : « De quel droit le prince m'empêchera-t-il d'obéir à Dieu ? N'est-ce pas Dieu seul qui a droit de commander[14] ? » La question

---

9. Pierre Bayle, *Commentaire philosophique sur ces paroles de Jésus-Christ,* « *Contrains-les d'entrer* » (1686), préface et commentaires de Jean-Michel Gros, Presses-Pocket, « Agora », 1992, p. 89.

10. *Ibid.,* p. 146.

11. *Ibid.,* p. 284, 292.

12. *Ibid.,* p. 288.

13. Aubert de Versé, *Traité de la liberté de conscience* (1687), Fayard, « Corpus des œuvres de philosophie en langue française », 1998, p. 28.

14. Anne-Robert-Jacques Turgot, *Seconde lettre sur la tolérance* (écrite en 1754), in *Œuvres de Mr Turgot,* t. II, Paris, de l'imprimerie de Delance, 1808, p. 362.

est en elle-même subversive : elle sous-entend qu'il est possible de rejeter toute autorité humaine au nom de l'obéissance à plus grand que l'homme. Une telle tolérance n'est pas praticable ; c'est à ces limites que s'était heurté Luther lorsqu'il avait recommandé au prince la plus extrême rigueur à l'encontre de paysans prêts à se révolter au nom de Dieu.

Notre acharnement à vouloir défendre la vérité

Lorsque Luther, sommé de se rétracter devant la diète de Worms d'avril 1521, invoque sa conscience, l'official de l'évêque de Trèves a cette réplique sans appel : « Abandonne ta conscience, frère Martin, la seule chose qui soit sans danger consiste à se soumettre à l'autorité établie. » « Ne pas se fier plus que de raison à son propre jugement[15] », conseille également Calvin.

L'official défend déjà la position que développera l'Église catholique : la raison divine ne cesse de parler à la conscience, mais celle-ci est imparfaite parce qu'humaine. On retrouve cette idée en particulier chez Bossuet ou chez l'abbé Pey, auteur en 1784 d'un livre sur la « tolérance chrétienne ». C'est parce que la conscience humaine ne suit pas nécessairement la raison que tous deux s'opposent à l'idée de tolérance religieuse. L'homme est ainsi fait, explique l'abbé Pey, que ses faiblesses occultent ses capacités de jugement et de reconnaissance de la vérité, en sorte que « l'esprit humain ne se décide pas toujours pour la vérité et la justice ». L'« opinion des hommes » n'est *a priori* nullement éclai-

---

15. Cité par Zweig, *Castellion contre Calvin, op. cit.*, p. 88.

rée ; elle est avant tout formée par « leurs intérêts »,
« leurs préventions », « l'incertitude de leurs lumières »,
« l'instabilité et la perversité de leurs cœurs[16] ». Pour
Bossuet, l'hérétique est précisément celui qui, étant seul
à penser ce qu'il pense (du moins initialement), persiste
à se fier à son opinion, une opinion fantaisiste puisque
soumise à son bon vouloir et irrationnelle[17]. Par opposition, l'homme raisonnable est celui qui, au lieu d'errer
dans ses ténèbres intérieures, s'en remet à la chaîne inin-
terrompue des témoins les plus sûrs, les plus sages et les
plus nombreux, c'est-à-dire aux gardiens de la Parole.

Parmi les réformés eux-mêmes, plusieurs voix,
notamment celle du pasteur calviniste Jurieu (1637-
1713), reprochent à Bayle de confondre la voix de Dieu
avec la conscience humaine. Celle-ci étant entachée de
toutes les imperfections de la créature, l'homme doit
s'en remettre strictement aux commandements de
l'Écriture[18]. Pour Bayle, suivre sa conscience, c'est se
soumettre aux injonctions d'une autorité supérieure.

Ceux qui combattent sans merci pour la vérité n'ont-
ils pas tendance à ne défendre que leurs propres opinions ? C'est l'attachement à celles-ci qui suscite et justifie tous les crimes. Érasme, qui associe « notre
acharnement à toujours vouloir triompher » à l'ambition[19], en appelle non pas à délaisser l'amour de la vérité,

---

16. Pey, *La Tolérance chrétienne...*, p. 144 et 145.

17. Jacques-Bénigne Bossuet, *Avertissements aux protestants sur
les lettres du ministre Jurieu contre l'histoire des variations*, Paris, Vve
Cramoisy, 1689, *Premier avertissement*, p. 67.

18. Pierre Jurieu, *Des droits des deux souverains*, Rotterdam,
1687, p. 170.

19. Cité par Mario Turchetti, « Une question mal posée :
Érasme et la tolérance. L'idée de sygkatabasis », *Bibliothèque d'humanisme et Renaissance*, t. LIII, 1991, n° 2, p. 389 : Érasme, *De ama-
bili ecclesiae concordia*, in *Opera*, t. V, col. 500.

mais à abandonner l'amour de soi. La plupart du temps, l'homme combat non pas tant l'opinion fausse que celle qui est contraire à la sienne. « Souvent [...] est considéré hérétique quiconque n'est pas d'accord avec nous », note Castellion[20]. Plus direct, un pamphlet en faveur de l'édit d'Amboise (1563), qui accordait l'amnistie aux protestants, parle de la « partialité » propre à ceux qui « ne peuvent rien voir de mal ni de punissable qu'en ceux qui sont différents de leur opinion[21] ». Montaigne dénonce le « grand amour de soi » et la « présomption » de ceux qui s'acharnent à défendre la vérité. L'intolérant, dit-il, est celui qui en vient à « estimer ses opinions jusque-là que, pour les établir, il faille renverser une paix publique, et introduire tant de maux inévitables et une si horrible corruption de mœurs [...], et les mutations d'État[22] ».

Le principe sur lequel s'appuient les partisans de la tolérance est sans ambiguïté : la défense de la vérité ne doit pas être confondue avec l'attachement à ce que l'homme pense. On retrouve cette idée chez Spinoza comme chez Bayle ou Basnage de Beauval, un protestant proche de Bayle. Tous présentent le zèle théologique comme le souci « de provoquer l'admiration dans les églises transformées en théâtre, de reprendre publiquement les dissidents, d'imposer des enseignements nouveaux, inattendus, propres à frapper [un] naïf auditoire d'étonnement[23] ». Ils l'expliquent par la volonté de

---

20. *Traité des hérétiques* (1554), édition nouvelle par A. Olivet, Genève, Jullien, 1913, p. 24.

21. *Brief discours*, in Joseph Lecler et Marius-François Valkhoff, *Les Premiers Défenseurs de la liberté religieuse*, Paris, 1969, 2 vol., t. 1, p. 82.

22. Montaigne, *Essais*, I, 23.

23. Baruch Spinoza, *Traité des autorités théologique et politique* (1670), Gallimard, « Folio », 1994, p. 24.

forcer les autres à penser comme nous et par la crainte d'être convaincu d'erreur[24], ou encore par la recherche de cet « agréable chatouillement [que] cause l'approbation du monde[25] ». Pour Locke, la cause est entendue : contraindre les autres à partager son propre avis procède de l'orgueil et de la présomption[26]. Rousseau le suit de près quand il écrit : « Le zèle du salut des hommes n'est point la cause des persécutions ; c'est l'amour-propre et l'orgueil qui en est la cause[27]. »

Au fond, l'intolérant ne soumet les autres qu'à lui-même : « Si [...] on engage l'homme [...] à commettre des actions que la lumière naturelle, les préceptes du Décalogue et la morale de l'Évangile nous défendent, il faut tenir pour tout assuré que l'on lui donne un faux sens, et qu'au lieu de la révélation divine on propose au peuple *ses visions propres, ses passions, et ses préjugés*[28]. »

Castellion ou Bayle ne reprochent pas aux fanatiques de vouloir imposer la vérité ; au contraire, ils stigmatisent leur indifférence à son égard. Nous faisons preuve d'une très grande tolérance à l'égard des Turcs et des Juifs, observe Castellion. Quant aux « maldisants ou détracteurs, [aux] orgueilleux, [aux] envieux, [aux] avaricieux, [aux] impudiques, [aux] ivrognes, et autres pestes des hommes, [nous] vivons avec eux, faisant

---

24. *Ibid.*, p. 124.

25. Henri Basnage de Beauval, *Tolérance des religions*, Rotterdam, chez Henri de Graef, 1684 ; New York-Londres, Johnson Reprint, 1970, p. 23.

26. John Locke, « Essai sur la tolérance », in *Lettre sur la tolérance*, traduction de Jean Le Clerc, introduction, bibliographie et notes par Jean-Fabien Spitz, GF-Flammarion, 1992, p. 110.

27. Jean-Jacques Rousseau, *Lettre à Christophe de Beaumont, archevêque de Paris,* in *Œuvres complètes*, Gallimard, « Bibliothèque de la Pléiade », t. IV, 1969, p. 971.

28. Bayle, *Commentaire philosophique..., op. cit.*, p. 86.

grand chère, et gaudissant[29] ». Ce thème est un lieu commun dans les milieux de la Réforme. Bayle décrit ainsi longuement la conduite de ceux qui prêchent la droite doctrine et le salut par les œuvres, puis se demande : comment l'Église romaine peut-elle s'accommoder « de cette bizarre diversité d'ivrognes, de joueurs, de ruffians, de maquereaux, de bigots, de faussaires, de gens de bien, de gens d'honneurs selon le monde ? Fort bien, dira-t-elle, parce qu'ils font tous profession de reconnaître mon autorité. Voilà le point. Qu'on soit tout ce qu'on voudra, pourvu qu'on se soumette à l'Église, on est assuré de la tolérance[30] ».

Ce sont ces mêmes arguments que l'on retrouve chez La Broue, auteur d'une vigoureuse réponse à un éloge en règle de la Saint-Barthélemy au cœur du XVIIIe siècle : l'intolérant se définit par sa capacité à mettre en pratique la tolérance la plus large à condition que ses adversaires « se soumettent extérieurement[31] ». Dans son sillage, Rousseau constate que l'intolérant se montre en réalité scandaleusement accommodant au regard de la vérité[32]. Le persécuteur qui fustige les laxismes coupables est donc à son tour accusé de se laisser aller à ce que bon lui semble. La rigueur, la soumission aux commandements de Dieu est, paradoxalement, du côté de la tolérance.

---

29. Castellion, *Traité des hérétiques, op. cit.*, p. 136 *sq.*
30. Bayle, *Commentaire philosophique..., op. cit.*, p. 269.
31. La Broue, *L'Esprit de Jésus-Christ sur la tolérance pour servir de réponse à plusieurs écrits de ce temps sur la même matière, et particulièrement à l'Apologie de Louis XIV sur la révocation de l'édit de Nantes, et à la dissertation sur le massacre de la Saint-Barthélemy*, s.l., 1760, p. 33.
32. Rousseau, *Lettre à Christophe de Beaumont..., op. cit.*, p. 964.

LE CHAMP DE LA TOLÉRANCE

L'homme doit obéir à Dieu : d'Érasme à Bayle, en passant par Spinoza, les défenseurs de la tolérance n'en disconviennent pas. Mais à quoi reconnaît-on un commandement divin ?

La parole divine est claire, la parole humaine est obscure ; ce sont les commentaires que les hommes en font qui troublent la Révélation, « rendant les problèmes inextricables[33] ». Que les points de doctrine inintelligibles relèvent de l'opinion des hommes, et plus particulièrement de celle des prêtres, Rousseau le redit à son tour[34]. Cette affirmation est proche d'une autre, beaucoup plus nuancée : la Révélation, même débarrassée des interprétations humaines, n'est pas toujours limpide. Castellion distingue ce qui est explicite et ce qui ne l'est pas, et en déduit ce que l'on « peut et doit savoir », et ce que l'on peut ignorer[35]. Un siècle plus tard, Spinoza explique plus précisément que seules s'imposent à tous un petit nombre de vérités que la Révélation pose clairement comme telles : « Il existe un Dieu unique et tout-puissant, qui seul doit être adoré, qui veille sur nous et aime par-dessus tout ceux qui l'adorent et aiment leur prochain comme eux-mêmes, etc. Ces enseignements et d'autres semblables se trouvent partout dans l'Écriture, si clairs et si exprès que personne n'a pu douter de leur signification. Quant à la nature de Dieu, à la façon dont il voit les choses et y pourvoit, l'Écriture n'enseigne rien expressément et comme doc-

33. Jacques Acontius, *Stratagemata Satanae* (1565), cité par Lecler, *Histoire de la tolérance..., op. cit.*, t. 1, p. 355.
34. Rousseau, *Lettre à Christophe de Beaumont..., op. cit.*, p. 974.
35. Castellion, *De l'art de douter..., op. cit.*, p. 119-123.

trine éternelle sur ces points[36]. » L'Écriture sainte révèle
la justice et l'amour de Dieu, et présente explicitement
l'une et l'autre comme modèle de vie vraie. L'obéissance
et le culte dus à Dieu résident dans l'exercice de la justice et de l'amour[37]. Bayle ne dira pas autre chose :
« Chacun doit employer toutes ses forces à honorer
Dieu par une prompte obéissance à la morale. À cet
égard, c'est-à-dire à l'égard de la connaissance de nos
devoirs pour les mœurs, la lumière révélée est si claire
que peu de gens s'y trompent, quand de bonne foi ils
cherchent ce qui en est[38]. » Rousseau reprend ces
réflexions à son compte, distinguant d'un côté les
« devoirs » de l'homme, de l'autre la doctrine « inintelligible et inutile[39] ». Se conformer à l'Évangile consiste
d'abord non pas à adhérer à un dogme, mais à respecter
les commandements ; le premier, qui résume tous les
autres, est un commandement de douceur et d'amour
envers son prochain[40].

La distinction entre ce qui est clair et obscur dans la
Révélation correspond ainsi presque exactement à la
distinction entre l'éthique et la doctrine. Presque, mais
pas tout à fait. Castellion comme Spinoza ou Locke sont
unanimes : il ne peut y avoir de tolérance à l'égard de
ceux qui rejettent des vérités « évidentes », comme la
justice et l'amour de Dieu. Et Rousseau, comme ses pré-

---

36. Spinoza, *Traité des autorités...*, *op. cit.*, p. 130. L'abbé Yvon
objecte (en 1754) : « S'il n'y a de vérités fondamentales que celles
qui sont clairement exprimées dans l'Écriture, il faudra rayer de ce
nombre tous les mystères, que dis-je, toute la partie dogmatique de
la Bible. Car sur tout cela il y a beaucoup d'obscurité. » Abbé Yvon,
Liberté de conscience resserrée dans des bornes légitimes, Londres, 1754,
p. 23.
37. *Ibid.*, p. 209-210, 222-223.
38. Bayle, *Commentaire philosophique...*, *op. cit.*, p. 340.
39. Rousseau, *Lettre à Christophe de Beaumont...*, *op. cit.*, p. 974.
40. *Ibid.*, p. 960-961.

décesseurs, s'élève non pas contre le principe de l'intolérance des idées, mais contre la soumission à ce qui est
inintelligible[41]. Pour les uns comme pour les autres,
ainsi que l'affirmait déjà saint Thomas d'Aquin, quiconque résiste à une vérité « évidente » est coupable.

Dieu, ajoute Spinoza, ne saurait exiger de l'homme
qu'il appréhende la divinité dans sa vérité : l'être humain
en est incapable, car il ne dispose pas des lumières suf-
fisantes pour s'élever jusqu'à la connaissance de Dieu.
Dieu ne demande à l'homme que ce qu'il peut faire,
c'est-à-dire se soumettre *en actes*[42]. Pour le reste, « les
hommes peuvent demeurer dans l'erreur la plus profonde quant à la nature de Dieu, sans pour cela encourir
le moindre reproche[43] ». Bayle parle lui aussi de cet
« ordre », de cette « loi indispensable de Dieu » selon
laquelle le Créateur a proportionné les devoirs de
l'homme à ses capacités[44].

Ces réflexions confortent donc la distinction entre la
doctrine et les préceptes : les commandements de faire
sont limpides et réalisables, contrairement à bien des
(pseudo-)commandements de penser. Dans les
commentaires d'Érasme et de Castellion se dessine déjà
l'idée d'une religion non doctrinale, c'est-à-dire fondée
moins sur ce que l'homme doit *penser* que sur ce qu'il
doit *faire*. Le résumé de nos devoirs tient dans la *crainte*

---

41. *Ibid.*, p. 974.

42. Spinoza, *Traité des autorités...*, *op. cit.*, p. 27 et 236 : « La
soumission à elle seule est voie de salut ; [...] Dieu [...] sauve les
croyants dociles. De sorte que l'Écriture a apporté aux hommes une
immense consolation. Tous, sans exception, peuvent obéir. »

43. *Ibid.*, p. 209.

44. Bayle, *Commentaire philosophique...*, *op. cit.*, p. 335. *Cf.* également p. 332 : « Dieu est l'auteur de l'âme et du corps [...] il doit
traiter avec ces hommes sur le pied d'un être qui a des obstacles
involontaires, et de la propre institution de Dieu, qui retardent le
discernement de la vérité, et qui le rendent parfois impossible. »

de Dieu, crainte qui implique une connaissance minimale de la divinité (sa puissance, sa justice et son
amour) en même temps que l'obéissance en actes[45]. Le
Plaidoyer pour la tolérance (1557) de Catherine Zell définit clairement cette obligation : « Nous n'étions pas
forcés d'être du même avis et d'avoir les mêmes
croyances que chacun [de nos compatriotes] ; mais
nous leur devions à tous des preuves d'amour, de
dévouement et de compassion[46]. »

Les défenseurs de la tolérance ne contestent donc pas
la logique de l'obéissance. Bien au contraire. Dès lors
que le Maître commande vraiment, c'est-à-dire si son
ordre est clair et exécutable, il faut se soumettre. Aussi
bien, par-delà leurs différences, Roger Williams, le
défenseur de la liberté de conscience en Amérique, Spinoza, Bayle ou Rousseau prônent une rigoureuse obéissance aux commandements, cette rigueur appelant
d'elle-même la tolérance des idées. Pensez ce que vous
voulez, mais obéissez. Le soldat, obéissant type, le sait
bien : l'exigence d'obéissance en actes, poussée à l'extrême, dispense de la connaissance et de l'adhésion à la
vérité. Il en va ainsi chez Spinoza, pour qui la soumission en actions permet à la pensée de rester libre[47]. Si la

---

45. Lettre de Castellion à Guillaume Constantin (1557), citée
par Lecler, *Histoire de la tolérance...*, *op. cit.*, t. 1, p. 335.
46. « Plaidoyer de Catherine Zell pour la tolérance », *Conscience
et liberté*, 1983, n° 25, p. 109.
47. Spinoza, *Traité des autorités...*, *op. cit.*, p. 225 : « La philosophie ne se propose que la vérité, et la foi, [...] que l'obéissance, la ferveur de la conduite [...]. La foi laisse à chacun la liberté totale de phi-
losopher. Au point que chacun peut, sans crime, penser ce qu'il veut
sur n'importe quelle question dogmatique. Elle ne condamne,
comme hérétiques et schismatiques, que les individus professant
des croyances susceptibles de répandre parmi leurs semblables l'in-
soumission, la haine, les querelles et la colère. »

liberté de penser est née aux Pays-Bas en un temps de
Réforme rigoureuse, c'est peut-être pour cette raison :
lorsque le principe d'obéissance est – ou se croit – fermement établi, les idées des uns et des autres n'ont
guère d'importance.

2

Le commandement de tolérance

Jusqu'au XVIIIᵉ siècle, les défenseurs de la tolérance le clament : la tolérance est un commandement de Dieu. D'Érasme aux rédacteurs de l'*Encyclopédie*, tous accumulent, sur ce thème, les citations des Évangiles ou des Pères de l'Église. À l'instar des inquisiteurs, ils n'hésitent pas à en appeler à l'argument d'autorité : « J'ai appris à ne connaître dans la religion que l'autorité, écrit Turgot dans *Le Conciliateur*, je donnerai pour garant de mon sentiment Jésus-Christ et les Pères de l'Église[1]... »

Pour tous, c'est en premier lieu la parabole du bon grain et de l'ivraie qui érige la tolérance en commandement de Dieu. « Il en va du Royaume des Cieux comme d'un homme qui a semé du bon grain dans son champ. Or, pendant que les gens dormaient, son ennemi est venu, il a semé à son tour de l'ivraie, au beau milieu du blé, et il s'en est allé. Quand le blé est monté en herbe, puis en épis, alors l'ivraie est apparue aussi. Les serviteurs sont allés trouver le propriétaire pour lui dire : "Maître, n'est-ce pas du bon grain que tu as semé dans ton champ ? D'où vient donc qu'il s'y trouve de

---

1. Turgot, *Le Conciliateur*, in *Œuvres...*, *op. cit.*, p. 402 et 404-407.

l'ivraie ? – C'est quelque ennemi qui a fait cela, leur répond-il. – Veux-tu donc que nous allions la ramasser ? reprennent les serviteurs. – Non, dit-il, vous risqueriez, en ramassant l'ivraie, d'arracher en même temps le blé. Laissez l'un et l'autre croître ensemble jusqu'à la moisson, et au moment de la moisson je dirai aux moissonneurs : ramassez d'abord l'ivraie et liez-la en bottes que l'on fera brûler, et puis recueillez le blé dans mon grenier" » (Mt 13, 24 *sq.*).

Dès le IIIe siècle, alors qu'il leur faut lutter contre les hérésies, les Pères de l'Église invoquent la parabole pour inciter à la mansuétude envers le pécheur en général, et l'appliquent à celui qui dévie de la doctrine. Jean Chrysostome l'interprète en ces termes : « Il semble que le Christ dit par là : si vous prenez les armes pour tuer les hérétiques, vous risquez d'exterminer en même temps des hommes justes. En outre, il y en a beaucoup qui pourraient vraisemblablement se transformer d'ivraie en bon grain. Si on les arrache trop tôt, on nuit à la moisson future, puisqu'on déracine ceux qui pourraient se convertir et devenir bon grain. » Encore Jean Chrysostome ne veut-il qu'éviter la peine de mort à celui qui « pense mal » : au nom de la vérité, il faut « [le] réprimer, [lui] fermer la bouche, [lui] enlever la liberté de parole, la liberté de réunion ou d'association[2] ».

Selon une interprétation restrictive, l'ivraie est ce qui ne peut être distingué du bon grain[3], c'est-à-dire les chrétiens hypocrites qu'il est impossible de discerner parmi les hommes de bonne foi. Thomas d'Aquin[4]

---

2. Saint Jean Chrysostome, *Traité du sacerdoce* (386), *In Matt.* ; P.G., LVIII, 477, cité par Lecler, *Histoire...*, *op. cit.*, t. 1, p. 74.

3. Ce qui, à la lettre, n'est pas exact, puisque les moissonneurs reconnaissent l'ivraie ; ils sont seulement incapables de procéder à son arrachement sélectif.

4. *S.T.*, II, IIae, q. 10, a. 8, ad. 1 ; q. 11, a. 3, ad. 3.

recommande d'arracher tout ce qui à l'évidence n'est pas du bon grain, à commencer par l'hérésie.

Pour les tenants de la tolérance, en revanche, la mauvaise herbe est simplement le contraire du bon grain, lequel représente les détenteurs de la vérité[5]. « Laissez l'ivraie et le blé croître ensemble jusqu'à la moisson » : le précepte de l'Évangile doit donc être appliqué à tous ceux, hérétiques et non chrétiens, qui se sont éloignés de l'Église. Au demeurant, son observation stricte implique une tolérance qui n'est qu'absence de sévices. Ainsi, par l'édit de novembre 1787, Louis XVI prendra-t-il acte de l'existence de ses sujets non catholiques en autorisant l'enregistrement de leur naissance, de leur baptême et de leur mort ; mais si le roi ne poursuit plus ses sujets protestants au nom de leur foi, le culte catholique, le clergé, les agents publics, les enseignants restent exclusivement catholiques. Quelques années plus tôt, l'empereur Joseph II avait, quant à lui, autorisé la liberté des cultes et ouvert les emplois publics à tous[6].

AU NOM DE L'AMOUR DU PROCHAIN

Le commandement d'amour du prochain implique-t-il la tolérance ou la contrainte ? Érasme, qui ne parle pas encore de *tolérance*, considère la mansuétude, la douceur comme synonymes de charité, laquelle est la somme de tous les commandements et la première vertu chrétienne[7]. Ce raisonnement est repris par Jean Crell,

---

5. *Cf.* Castellion, *Traité des hérétiques, op. cit.*, p. 136 *sq.*

6. *Cf.* Jacques Poumarède, « Le combat des juges et des avocats pour l'état civil des protestants ou les ambivalences du droit », in *La Tolérance, république de l'esprit, op. cit.*, p. 105-116.

7. Turchetti, « Une question mal posée... », *op. cit.*, p. 381.

l'un des disciples du réformateur Socin[8] : « Notre Sauveur a dit : "À moins que vous ne vous aimiez les uns les autres, vous ne pouvez point être mes disciples." Que ce langage est différent de ceux de ses prétendus successeurs : "À moins que vous ne vous détestiez, que vous ne vous détruisiez les uns les autres, vous ne pouvez être nos disciples[9]." »

La tolérance découle de l'amour du prochain. Ce thème se retrouve jusqu'au XVIIIe siècle dans de nombreux plaidoyers. La tolérance est « le principal caractère de la véritable Église [...], écrit Locke. Si l'on manque de charité, de douceur et de bienveillance pour le genre humain en général, même pour ceux qui ne sont pas chrétiens, à coup sûr, l'on est fort éloigné d'être chrétien soi-même[10] ».

Certains, comme Bossuet, protestent contre l'assimilation de la tolérance à un commandement chrétien. Aimer son prochain, n'est-ce pas d'abord lui éviter l'enfer et donc rechercher son bien dans l'au-delà ? Les persécutions et les supplices terrestres ne sont rien au regard de la félicité ou des tourments perpétuels. Il faut parier sur le consentement de chacun au bonheur ineffable du Royaume. Or, quand les hommes subissent l'influence d'êtres qui sont dans l'erreur, ils tissent eux aussi leur damnation éternelle. Le chrétien doit donc les soustraire à ces promiscuités dangereuses.

L'autorité la plus citée est ici saint Augustin. Voulant justifier la répression des partisans de l'évêque schismatique Donat, l'évêque d'Hippone distingue la persécu-

---

8. Socin (1525-1562) niait la Trinité et la divinité du Christ.

9. Jean Crell, *De la tolérance dans la religion ou de la liberté de conscience. L'intolérance convaincue de crime et de folie* (1637), traduction de Ch. le Cène adaptée par J.-A. Naigeon de *Vindiciae pro religionis libertate*, Londres, 1769 ; Paris, Hachette, 1972, p. 151.

10. Locke, *Lettre sur la tolérance...*, *op. cit.*, p. 163.

tion par amour – celle de l'Église au nom de la vérité – de la persécution par cruauté propre aux impies[11]. Dans une lettre de 417 à Boniface, il invoque cette parabole sur le royaume des Cieux :

« Un homme donnait un grand dîner auquel il invita beaucoup de monde. À l'heure du dîner, il envoya son serviteur dire aux invités : "Venez, maintenant tout est prêt." Mais tous, unanimement, se mirent à s'excuser. Le premier lui dit : "J'ai acheté une terre et il me faut aller la voir ; je t'en prie, tiens-moi pour excusé." Un autre dit : "J'ai acheté cinq paires de bœufs et je pars les essayer ; je t'en prie, tiens-moi pour excusé." Un autre dit : "Je viens de me marier, et pour cette raison je ne puis venir."

« À son retour, le serviteur rapporta cela à son maître. Le maître de maison, courroucé, dit à son serviteur : "Va-t-en vite par les places et les rues de la ville, et amène ici les pauvres, les estropiés, les aveugles et les boiteux. – Maître, dit le serviteur, tes ordres sont exécutés, et il y a encore de la place." Le maître alors dit à son serviteur : "Va-t-en par les chemins et le long des clôtures, et fais entrer les gens de force, afin que ma maison se remplisse. Car je vous le dis, aucun de ces hommes qui avaient été invités ne goûtera de mon dîner" » (Lc 14, 16-23).

Saint Augustin est catégorique : ce « fais entrer les gens de force » justifie l'usage de la contrainte pour ouvrir aux hommes le royaume des Cieux : « Si [...] l'Église force à entrer dans son sein ceux qu'elle trouve dans les chemins et les haies, c'est-à-dire parmi les schismes et les hérésies, que ceux-ci ne se plaignent pas

---

11. *Epist.* 185, 11 ; *P.L.*, XXXIII, 797, cité par Lecler, *Histoire...*, *op. cit.*, t. 1, p. 87.

d'être forcés, mais qu'ils considèrent où on les pousse[12]. »

L'exégèse de l'évêque d'Hippone nourrira la justification de l'intolérance religieuse du XVIe au XVIIIe siècle. C'est à elle que s'en prend Bayle. Selon lui, l'expression « contrains-les d'entrer » n'est qu'une métaphore. L'Évangile, à la lettre comme dans l'esprit, interdit d'y voir un appel à la contrainte. « Une preuve que le Christ n'a pas voulu dire "contraignez-les", c'est que les convives ont toujours été les maîtres de refuser, et que d'autres ont été invités à leur place[13] », écrit encore Turgot.

Dès le XVIe siècle, certains opposent à l'argumentation augustinienne l'exemple donné par Dieu. À Jean de Nassau, gouverneur de Gueldre, hostile à la religion catholique et qui hésite sur l'attitude à adopter à son égard, le protestant Caspar Olevianus répond en 1579 que « Dieu lui-même tolère les méchants[14] ». D'autres se réfèrent à Matthieu (5, 45) : « Dieu fait lever son soleil sur les bons et sur les mauvais, et envoie la pluie sur les justes et les injustes. » Prétendons-nous faire ce que lui-même n'a pas entendu faire[15], et « être plus puissants et plus absolus que Dieu même[16] » ? Pourquoi les hommes seraient-ils « plus rigides que Dieu[17] » ? demande

---

12. *Epist.* 185, 24 ; *P.L.*, XXXIII, 804.

13. Turgot, *Le Conciliateur...*, *op. cit.*, p. 402.

14. Caspar Olevianus (1536-1587), cité par Lecler, *Histoire...*, *op. cit.*, t. 2, p. 208.

15. *Cf.* par exemple Castellion, *Conseil à la France désolée...* (1562), Droz, 1967, p. 42 : « Vous voulez faire des chrétiens par force et pour ainsi honorer Dieu, en quoi vous vous abusez grandement, car si cela se pouvait ou devait faire, Christ aurait été le beau premier qui l'aurait fait et enseigné. » *Cf.* également La Broue, *L'Esprit de Jésus-Christ...*, *op. cit.*, p. 39.

16. La Broue, *L'Esprit de Jésus-Christ...*, *op. cit.*, p. 51.

17. William Chillinworth, cité par Lecler, *Histoire...*, t. 2, p. 370.

William Chillinworth (1602-1644). Il faut, dit Turgot qui reprend Fénelon, souffrir « avec patience tout ce que Dieu souffre[18] ». En d'autres termes, l'homme doit supporter l'inextricable entrelacs du bien et du mal, et les gouvernements doivent se montrer « dociles à la nature et à Dieu[19] ». On retrouvera ce thème jusqu'à la fin du XIXe siècle sous la plume de Léon XIII : « Dieu lui-même, dans sa Providence, quoique infiniment bon et tout-puissant, permet néanmoins l'existence de certains maux dans le monde [...]. Il convient d'imiter [...] celui qui gouverne le monde[20]. »

L'argument ne fait toutefois pas l'unanimité. Au XVIIIe siècle, l'abbé Pey relève sa faiblesse à propos des protestants : « Dieu les supporte, je le sais, mais il supporte aussi les scélérats et les impies ; direz-vous aussi que c'est en considération de leur zèle et de leur bonne intention ? Cependant le magistrat les fait conduire sur l'échafaud[21]. » S'il faut imiter la tolérance divine, quelle entreprise d'ordre et de justice se justifiera ici-bas ? La communauté humaine doit-elle être laissée à la loi du plus fort ?

Au lieu de faire violence aux hommes, de les changer par une intervention extérieure, le Christ les a tirés à lui en « condescendant », par son incarnation, à leur condition mortelle[22]. Le Christ a aimé les hommes par la dou-

---

18. Turgot, *Le Conciliateur...*, *op. cit.*, p. 387.

19. Mirabeau, *Sur la liberté de la presse*, imité de *L'Anglois*, de Milton, Londres, 1788, p. 37.

20. Léon XIII, *Libertas praestantissimum* (20 juin 1888), sur la liberté humaine, Office international des œuvres de formation civique et d'action doctrinale selon le droit naturel et chrétien, 1962, p. 25.

21. Pey, *La Tolérance chrétienne...*, *op. cit.*, p. 104.

22. Turchetti, « Une question mal posée... », *op. cit.*, p. 390 : « La condescendance (en grec *sugkatabasis*), "action de descendre ensemble" [...] dans l'économie du salut, les Pères grecs ont utilisé

ceur, la persuasion, non par le glaive et la discorde. Pour justifier le caractère pacifique de la religion chrétienne, Michel de L'Hospital cite le Nouveau Testament qui commande de supporter la force, mais de s'abstenir de l'usage des armes – « de souffrir la force, non de la faire ». Le chrétien, selon l'exemple du Christ, doit user « de paroles et de persuasion » ; ceux qui procèdent autrement dérogent à la vérité qu'ils confessent[23]. Jésus et ses disciples, dit Locke, n'ont pas porté le fer au sein du monde ; bien au contraire, ils ont supporté les persécutions – c'est-à-dire toléré au sens premier du terme – et porté l'Évangile par la persuasion et la douceur[24] : « Nous ne lisons pas que [le Christ] ait employé d'autre violence à l'égard de ses brebis que [celle] de les appeler avec douceur et par des semonces véritablement pastorales[25] », remarque Adrien Van Paets en 1686. « Le Fils de Dieu, dont l'Esprit était la patience, la clémence et la tendresse même, [...] ne saurait souffrir aucun trait de colère et d'emportement qui allât au préjudice des hommes et à leur faire du mal[26] », note au même moment Aubert de Versé dans son *Traité de la liberté de conscience*. Jésus a dissuadé à plusieurs reprises ses disciples d'utiliser la force : il les a réprimandés pour avoir appelé le feu du ciel sur les Samaritains, et quand saint Pierre a tiré le glaive au mont des Oliviers, il lui a

---

cette métaphore pour expliquer l'attitude de Dieu et du Christ, qui de leur état de perfection s'adaptent à la faiblesse de l'homme pour se laisser voir et connaître. »

23. Harangue de Michel de L'Hospital lors de l'ouverture des états généraux à Orléans le 13 décembre 1560, in *Œuvres* de Michel de L'Hospital, éd. Dufey, t. 1, 1824, p. 375-407.

24. Locke, *Lettre sur la tolérance, op. cit.*, p. 174.

25. Adrien Van Paets, *Lettre sur les derniers troubles d'Angleterre*, Rotterdam, Reinier Leers, 1686, p. 7.

26. Versé, *Traité de la liberté de conscience, op. cit.*, p. 139.

demandé de remettre son épée au fourreau. Turgot, Voltaire ou Helvétius ne seront pas les derniers à citer la définition de l'amour selon saint Paul : « Patient, serviable, sans envie, [...] il ne s'emporte pas, ne pense pas à mal ; [...] il excuse tout, croit tout, espère tout, supporte tout[27]. »

La tolérance répond également au commandement de paix. Pour Érasme, la paix est à la fois le moyen et le but de toute communauté fondée sur l'amour du prochain : « La contemplation de toute [la] vie [du Christ], que nous fournit-elle, si ce n'est une doctrine de la concorde et de l'amour réciproque ? [...] Il n'y a pas d'amour chrétien hors de la paix, de la concorde [...]. Est-ce que le Christ [...] a appris et annoncé autre chose que la paix ? Plusieurs fois, il salue ses disciples par un salut de paix, "paix à vous !", et c'est la seule formule qu'il leur prescrive comme digne des chrétiens. Se rappelant ce précepte, les Apôtres commencent leurs lettres avec des mots de paix et souhaitent la paix à ceux qu'ils aiment particulièrement. Celui qui souhaite la santé souhaite une chose excellente, mais le vœu de paix est le plus grand des bonheurs. Regarde avec combien de sollicitude, après l'avoir recommandée tant de fois pendant toute sa vie, le Christ la recommande avant de mourir : "Aimez-vous les uns les autres, comme moi je vous ai aimés" ; et encore : "Je vous donne ma paix, je vous laisse ma paix" [...] la paix avec les amis et la paix avec les ennemis.[28] »

Le commandement de paix impose donc aux chrétiens de se rassembler autour de ce qui unit et d'éviter ce

<hr>

27. 1 Co 13, 4-7.
28. Érasme, *Querela pacis* (1517), cité par Fiorella de Michelis Pintacuda, « Pour une histoire de l'idée de tolérance du XVe au XVIIe siècle », *Revue d'histoire et de philosophie religieuses*, Strasbourg, 1985, vol. 65, n° 2, p. 135-136.

qui divise. Un siècle plus tard, Grotius fait écho à Érasme : pour suivre « l'exhortation à cette concorde réciproque, que le Christ recommanda si sérieusement à ses disciples au moment de s'en aller [...], les points sur lesquels on est d'accord [c'est-à-dire, principalement, les points d'éthique] doivent être retenus et mis en œuvre[29] ». Cette argumentation est reprise par les « politiques[30] » de la fin du XVIe siècle. Ses détracteurs y voient un recul de l'amour de la vérité. En fait, les « politiques » n'entendent pas délaisser la vérité au nom de la nécessité d'un consensus ; pour eux, la tolérance est le premier des commandements. Et si la tolérance est amour du prochain, c'est que la paix est le plus grand des biens terrestres, mais surtout qu'elle est un bien spirituel. L'âme, libérée des angoisses et des passions, trouve la quiétude qui lui permet d'écouter la voix de la raison, de s'élever et de forger les armes de son salut. Ainsi l'idée de tolérance consacre-t-elle l'association de deux idéaux : l'amour chrétien et le triomphe de la raison[31]. Voltaire y voit la plus haute manifestation et de l'un et de l'autre. D'une certaine façon, le XVIIIe siècle apprend avec la tolérance pourquoi *connaître* et *aimer* ne sont qu'un seul mot dans la langue hébraïque.

UNE « LOI DIVINE ET NATURELLE »

Les commandements de Dieu sont « innés » en chaque homme au travers de son « âme rationnelle », proclame Nicolas de Cues. La « loi naturelle » est la « loi

---

29. Hugo Grotius, *De veritate religionis christianae* (1627), *Operum theologicorum*, t. III, Amstelaedami, 1679, p. 95-96.

30. Ainsi appelait-on les partisans de la paix civile au nom de l'intérêt commun.

31. *Cf., infra*, le chapitre consacré au triomphe de la vérité.

de Dieu, [...] répandue universellement parmi les hommes » ; elle se résume à cet amour du prochain qui conduit à tolérer les « rites respectifs[32] ». C'est parce que la loi divine et la loi naturelle ne font qu'un que les hommes, par nature différents, doivent vivre ensemble, et donc se supporter.

Pour Érasme, « le commun sentiment naturel » d'une part, « le Christ » d'autre part, appellent à la paix[33]. Pour Bayle, Dieu, à travers « sa parole » et la « lumière naturelle », donne à la conscience de tout homme une « idée de l'ordre », qui commande à chacun une tolérance faite d'humilité, d'oubli des offenses, de mortification et de charité[34]. L'impératif de tolérance, dit Locke, est dicté à la fois par l'Évangile et par la raison, notre guide « naturel[35] ». Pour Helvétius aussi, la tolérance est une loi divine et naturelle[36], tandis que Voltaire parle du pardon des offenses prescrit par l'Évangile comme de la première loi de la nature[37]. Dictée simultanément par ces deux instances, la loi de tolérance ne peut que s'imposer à l'ensemble de l'humanité.

En quoi consiste-t-elle ? Ni plus ni moins qu'à se mettre à la place de son semblable, à enrôler l'amour de soi – décrié par la philosophie chrétienne, mais « conforme à la nature » – dans l'amour du prochain. Elle se résume à une seule prescription : ne pas faire à

---

32. Cité par Michelis Pintacuda, « Pour une histoire... », *op. cit.*, p. 134.

33. *Querela pacis undique gentium eiectae profligataeque*, auctore Erasmo Roterodamo..., apud inclytam Germaniae Basileam, MDXVII, p. 48.

34. Bayle, *Commentaire philosophique...*, *op. cit.*, p. 88, 105, 357.

35. Locke, *Lettre sur la tolérance*, *op. cit.*, p. 167.

36. Helvétius, *De l'homme, de ses facultés intellectuelles, de son éducation* (avant 1769), Fayard, 1989, p. 398.

37. Voltaire, *Dictionnaire philosophique*, éd. d'Étiemble, Garnier, 1967, « Tolérance ».

autrui ce que nous ne voudrions pas qu'il nous fasse.
« Règle si vraie, si juste, si naturelle, et tellement écrite
par le droit de Dieu au cœur de tous les hommes qu'il
n'y a homme tant dénaturé, ni tant loin de toute discipline et enseignement, [qui] ne confesse qu'elle est
droite et raisonnable[38]. » Cette « loi de nature[39] » est per-
fectionnée par le commandement évangélique rapporté
par Matthieu (7, 12) et Luc (6, 31) : « Tout ce que vous
voulez que les hommes vous fassent, faites-le-leur sem-
blablement[40]. » On l'appelle souvent règle de réci-pro-
cité, ce qui estompe sa caractéristique majeure : l'obligation qu'elle édicte dépend non pas du comportement
de l'autre à notre égard, mais de ce qui nous semble bon
et mauvais pour nous-même.

Cette prescription est un commandement universel,
dans sa version évangélique ou, le plus souvent, dans sa
version « naturelle », pour Nicolas de Cues[41], Scharnschlager[42], Castellion, Basnage de Beauval[43], Bayle,
Rousseau, Helvétius[44] et bien d'autres : « Le grand principe, indique Voltaire, est, sur toute la terre : "Ne fais
pas ce que tu ne voudrais pas qu'on te fît[45]." » L'article 6
de la Déclaration des droits de 1793 reprendra ce principe en fixant la « limite morale » de la liberté.

Ainsi, jusqu'à la fin du XVIIIe siècle, le tolérant comme
son contradicteur acceptent-ils de se soumettre à une

---

38. Castellion, *Conseil à la France désolée...*, *op. cit.*, p. 388.
39. Crell, *De la tolérance...*, *op. cit.*, p. 7.
40. Versé, *Traité de la liberté de conscience*, *op. cit.*, p. 29.
41. Nikolaus von Kues, *Werke*, *op. cit.*, p. 363, cité par Michelis
Pintacuda, « Pour une histoire... », *op. cit.*, p. 134.
42. Scharnschlager, *Appel à la tolérance*, *op. cit.*, p. 106.
43. Basnage de Beauval, *Tolérance des religions*, *op. cit.*, p. 54.
44. Helvétius, *De l'homme*, *op. cit.*, p. 398.
45. Voltaire, *Traité de la tolérance*, Paris, GF-Flammarion, 1989,
p. 59.

loi. Nous considérons souvent la tolérance de Voltaire comme le produit de son scepticisme, alors qu'il la présente avant tout comme un commandement. N'a-t-il pas rédigé six catéchismes, depuis celui du Chinois jusqu'à la profession de foi des théistes en passant par le catéchisme du curé, celui du Japonais, celui du jardinier et celui de l'honnête homme, sans parler du Sermon des cinquante[46] ? Singulière démarche pour un sceptique ! Au centre de cette foi diversement déclinée il y a le commandement de tolérance, la tolérance comme commandement.

---

46. Waterlot, « Voltaire ou le fanatisme... », *op. cit.*, p. 116.

3

Se conformer à l'ordre du monde

Lorsque Bayle justifie la tolérance au nom de « l'ordre éternel et nécessaire », ou de « la conformité à l'ordre[1] », il n'en appelle pas uniquement au respect de ces commandements dont sont porteurs les textes sacrés ; il se réfère aussi à l'ordre du monde et à la nécessité de s'y conformer. Être tolérant, c'est se montrer patient face à ce qui est et qu'on ne peut changer, mais c'est surtout s'inscrire, par ses pensées et par ses actes, dans l'harmonie de la création.

LES ERREURS SONT L'APANAGE DE L'HUMANITÉ

L'ordre des choses appelle à la tolérance, en premier lieu parce que l'imperfection des hommes est une loi de nature. L'homme se trompe. Accepte-t-on l'homme, on accepte l'erreur[2], constate l'humaniste italien Aconcio, alors que Castellion, presque simultanément, s'exclame

---

1. *Cf.*, par exemple, *Commentaire philosophique...*, *op. cit.*, p. 129, 167.
2. Giacomo Aconcio, *Stratagemata Satanae* (1564), livre VIII, cité par Michelis Pintacuda, « Pour une histoire... », *op. cit.*, p. 180.

en écho aux Apôtres : « Quant aux erreurs, si on veut condamner tous ceux qui errent, je ne sais qui ne sera condamné[3]. » Parmi d'autres, William Walwyn relève en 1644 qu'aucun homme ne peut prétendre à l'infaillibilité, et que « dans toute opinion, quelle qu'elle soit, il reste une possibilité d'erreur [...] c'est pourquoi personne ne devrait contraindre autrui[4] ». Bayle, Basnage de Beauval, ou plus tard John Stuart Mill, s'attachent également à montrer que l'erreur est liée à la nature humaine : elle résulte d'une infirmité, en sorte que – l'expression est de Crell –, pas plus que d'une difformité corporelle, on ne saurait en faire grief à quiconque[5].

Dès lors, résume l'abbé Yvon en 1754, « le principe une fois admis que les erreurs sont l'apanage de l'humanité, on doit avoir une indulgence tolérante les uns pour les autres[6] ». Cette aptitude générale à nous tromper nous rend frères, dit Voltaire qui parle de pardon, l'associant ainsi discrètement à celui des injures : il faut pardonner aux hommes parce qu'ils ne savent pas plus ce qu'ils pensent que ce qu'ils font. Radicale argumentation qui réclame la plus absolue et la plus impraticable des tolérances. La démarche d'un Voltaire entend répondre à l'intolérance religieuse sur son propre terrain : celui de l'obéissance à un commandement explicite. Lorsqu'elle inclut dans la tolérance le cas où l'erreur procéderait d'une faute, elle rend aussi sans objet la distinction classique, qui justifie la non-tolérance, entre ce qui procède de notre nature de créature finie et ce qui procède de l'errance coupable. La pensée médiévale

3. Lettre de Castellion à Guillaume Constantin, citée par Lecler, *Histoire...*, *op. cit.*, t. 1, p. 235.
4. Cité par Jean-Fabien Spitz dans l'introduction à *Lettre sur la tolérance*, *op. cit.*, p. 33 ; *cf.* également p. 250.
5. Crell, *De la tolérance...*, *op. cit.*, p. 152.
6. Yvon, *Liberté de conscience...*, *op. cit.*, p. 16.

postule, à côté de notre propension naturelle à l'erreur, la possibilité d'un rejet délibéré – libre – de la vérité ; elle distingue l'erreur involontaire de celle qui procède d'un aveuglement volontaire. De cette dernière, on doit être tenu pour responsable et traité en conséquence. Aucun promoteur de la tolérance n'échappe à cette limite que constitue l'erreur surmontable. Sans doute est « excusable » cette « ignorance invincible [...], qui demeure en un homme après avoir fait son devoir de s'instruire[7] ». Cependant, dès l'instant qu'une vérité est « évidente », il est intolérable de la rejeter. S'il est en effet un seul devoir pour l'homme, c'est bien celui de *se rendre à l'évidence*. Depuis saint Thomas d'Aquin, quiconque ferme délibérément les yeux à la lumière a une « conscience fausse ou criminelle[8] » dont on peut à bon droit brider la fausse liberté. Locke confirme que lorsque les choses sont dans « une claire lumière », il y a de la « monstruosité coupable à ne pas les voir[9] ». Rousseau, pour sa part, appelle à se montrer indulgent à l'égard de l'homme, en particulier l'homme du peuple, car il est incapable de s'élever de lui-même aux « sublimes notions ». En revanche, dispose-t-on des moyens de parvenir à la vérité, celle-ci s'impose absolument. Parce que l'existence de Dieu est, selon lui, une évidence pour tout individu qui réfléchit un tant soit peu : « Tout philosophe athée est un raisonneur de mauvaise foi, ou que son orgueil aveugle[10] » ; on ne saurait que le chasser de la cité. Face à l'évidence, il est interdit de se tromper.

Puisque tout homme est sujet aux erreurs, on ne peut qu'accepter les erreurs d'autrui. Il faut donc également

---

7. Versé, *Traité de la liberté de conscience, op. cit.*, p. 77.
8. Pey, *La Tolérance chrétienne..., op. cit.*, p. 41.
9. Locke, *Lettre sur la tolérance, op. cit.*, p. 3-9.
10. Rousseau, *Lettre à Christophe de Beaumont..., op. cit.*, p. 951-952.

accepter de douter de ses propres opinions. « Si les chrétiens doutaient un peu d'eux-mêmes, ils ne commettraient pas tous ces meurtres[11] », écrit Castellion. Il ne s'agit pas tant ici de douter de la vérité en elle-même que des mirages que nos passions présentent à notre raison. Comment, par exemple, démêler de l'amour pour la vérité ce qui relève de l'opiniâtreté dans l'amour de soi ? Lorsque l'on défend une conviction, comment s'assurer que c'est bien la vérité que l'on aime, et non pas soi-même au travers de son opinion ? « Quelque assurance que l'on ait d'avoir pris le bon parti, tant de millions d'hommes qui soutiennent le contraire avec une pareille assurance nous doivent remplir de frayeur et de crainte parce qu'à cause de nos passions il est presque impossible de distinguer la fausse sécurité que donne l'erreur, d'avec la véritable confiance que donne la vérité[12]. » La certitude, qu'elle soit issue de l'évidence ou de l'aveuglement, est donc trompeuse.

Bien entendu, la tolérance est aussi étroitement liée au scepticisme : car l'homme ne peut avoir aucune certitude, si ce n'est celle de son propre doute. « Où est l'homme qui a des preuves incontestables de la vérité de tout ce qu'il soutient ou de la fausseté de tout ce qu'il condamne[13] ? » Comme la plupart des vérités humaines ne sont que des probabilités, la compréhension mutuelle envers l'ignorance de chacun s'impose, conclut Locke. L'article « Tolérance » de l'*Encyclopédie* reprend ce raisonnement : parce qu'il « n'est point de vérité si claire qui n'éprouve des contradictions, que la raison humaine [n'a] pas une mesure précise et déterminée, nul n'a droit

---

11. Castellion, *De l'art de douter...*, *op. cit.*, p. 78.
12. Basnage de Beauval, *Tolérance des religions*, *op. cit.*, p. 46.
13. John Locke, *An Essay concerning Human Understanding*, éd. A. Campbell Fraser, Oxford, 1894, II, p. 371-373, cité par Michelis Pintacuda, « Pour une histoire... », p. 148.

de donner sa raison pour règle, ni de prétendre asservir personne à ses opinions ».

Cela vaut d'autant plus en ce qui concerne la connaissance de Dieu, domaine qui, par définition, dépasse notre entendement. Le dieu vénéré par le plus grand nombre des Utopiens est un dieu « inconnu [...], impénétrable, inaccessible à la raison humaine[14] », explique Thomas More. Ce mystère divin est la raison majeure qui incite Utopus à la tolérance des religions. Les défenseurs de la tolérance le rappellent sans cesse, citant à l'appui saint Paul selon qui nous voyons toutes choses, ici-bas, « en énigmes ». Renvoyons donc ces questions au jour où nous verrons Dieu face à face[15].

Si, affirme Castellion, on ne peut douter de l'existence de Dieu, « les vérités de la religion sont mystérieuses par nature », « tout est obscur[16] ». Il n'y a pas lieu de se combattre et de se condamner les uns les autres, puisque la vérité est insaisissable et que nos croyances sont incertaines de par la volonté divine. Ces ténèbres, explique Basnage de Beauval, sont « dans l'ordre de Dieu ». Délibérément caché, Dieu ne veut pas de la certitude orgueilleuse et paresseuse des hommes, mais entend garder ces derniers « tremblants et humiliés en sa présence et dépendants de sa lumière et de son secours », pour tenir éveillée « la vigilance des pasteurs[17] ». Le doute est un élément de la crainte de Dieu. L'homme, dit Bayle, est condamné à ne connaître la vérité qu'imparfaitement : « On dirait que pour humilier notre

---

14. In Bayle, *Commentaire philosophique...*, *op. cit.*, dossier, p. 376.

15. Érasme, préface aux œuvres de saint Hilaire : lettre à Jean Carondelet, archevêque de Palerme, du 5 janvier 1523 ; lettre 1334, *O.E.*, t. V, p. 176, cité par Lecler, *Histoire...*, *op. cit.*, p. 140.

16. Cité par Zweig, *Castellion contre Calvin*, *op. cit.*, p. 157-158.

17. Basnage de Beauval, *Tolérance des religions*, *op. cit.*, p. 47.

esprit, Dieu ne veut pas que [l'homme] trouve aisément où asseoir la plante du pied, et qu'il ne rencontre que des pièges, de quelque côté qu'il se tourne[18]. » L'obscurité est donc normale, voire salutaire, ne serait-ce – insistera Mirabeau – que parce que notre faiblesse ne saurait supporter l'éclat pur de la vérité : « L'erreur est le nuage qui s'interpose [...] et nous prépare[19]. »

Pour Calvin, certes, tout est clair dans la Révélation, par définition ; de même, pour le très catholique abbé Pey, les lumières de la foi sont si évidentes que seul « un aveuglement volontaire[20] » nous garde dans l'erreur. Pour les défenseurs de la tolérance, au contraire, la religion est un domaine hors de portée de la science humaine, et donc remis comme « à la grâce de Dieu » en chaque homme. Cela est explicite chez Érasme, qui propose de « définir le plus petit nombre possible de dogmes, et pour beaucoup de choses laisser chacun à son propre jugement », parce que « l'obscurité de beaucoup de questions est immense[21] ». Locke dénie au magistrat le droit d'intervenir dans les affaires religieuses, non pas uniquement parce qu'elles sont en dehors du domaine de l'autorité civile, mais aussi parce que, comme les autres hommes, le magistrat n'a pas « de connaissance certaine et infaillible du chemin qu'il faut emprunter pour [...] atteindre [le bien suprême][22] ». En matière de religion, il n'y a pas de « vérité incontestable ». Rousseau le redit : l'intolérance religieuse est inacceptable parce que les vérités de religion sont trop vagues[23].

18. Bayle, *Commentaire philosophique...*, op. cit., p. 256.
19. Mirabeau, *Sur la liberté de la presse*, op. cit., p. 54.
20. Pey, *La Tolérance chrétienne...*, op. cit., p. 52.
21. Érasme, lettre à Jean Carondelet, op. cit., p. 177.
22. Locke, *Essai sur la tolérance*, op. cit., p. 108.
23. Rousseau, « Cinquième lettre écrite de la montagne », in *Œuvres complètes*, Gallimard, « Bibliothèque de la Pléiade », t. III, 1964, p. 774.

Le scepticisme bien compris étend en principe l'impossibilité de connaître à tous les domaines. Les défenseurs de la tolérance ne se privent pas de mettre en avant la faiblesse de l'entendement humain. Locke estime qu'il est légitime de douter de l'ensemble des opinions humaines, mais il n'admet la tolérance qu'en matière d'opinions *religieuses* et privées. Pour lui comme pour Rousseau, elle ne s'applique pas aux opinions concernant les questions d'intérêt commun. Certains feindront de croire que l'intérêt public se préoccupe non pas de vérité, mais d'utilité, comme s'il n'existait pas de vérités en ce domaine. Ce n'est qu'à partir de la fin du XVIIIᵉ siècle que Benjamin Constant puis John Stuart Mill tirent les conclusions de la légitimité du doute en toute matière, et justifient la tolérance de toutes les opinions, y compris politiques. En 1901, Bouglé, animateur de « conférences populaires » sur la liberté de conscience, peut énoncer ce qui est devenu lieu commun : en politique, il n'est pas non plus de certitude avérée[24].

La tolérance se conçoit à l'égard des « croyances incertaines » ou des « certitudes subjectives », mais elle n'est plus justifiée lorsqu'il y a certitude. Cette idée est largement partagée. On ne saurait accepter les assertions erronées, affirme comme beaucoup d'autres le cardinal Pie, évêque de Poitiers (1815-1880) : « Je demande la liberté dans les choses douteuses [...], mais dès que la vérité se présente avec les caractères certains qui la distinguent, par cela même qu'elle est vérité, elle est positive, elle est nécessaire et, par conséquent, elle

---

24. Ballaguy, Bouglé, Darlu, Lottin, Rayot, *Pour la liberté de conscience, conférences populaires*, Paris, E. Cornély, 1901, p. 35.

est une et intolérante. [...] Nous sommes donc intolérants, exclusifs en matière de doctrine[25]. »

L'esprit scientifique, au moins dans un premier temps, offre des arguments en faveur de l'intolérance. Les lois que la science met en évidence anéantissent la liberté de pensée, explique Auguste Comte : « Où rencontre-t-on cette prétendue liberté de pensée ? [...] en astronomie, en physique, en chimie, ou bien en physiologie ? [...] dès que nous avons découvert une loi, [cette liberté] s'évanouit et disparaît[26]. » L'intolérance scientifique a une parenté avec l'intolérance religieuse : l'une et l'autre sont fondées sur la certitude. Si la démarche scientifique est aussi porteuse de tolérance, c'est dans la mesure où elle ne se perçoit pas uniquement comme une « fabrique » de vérités. Parce que le scientifique pratique le doute systématique à l'encontre des certitudes antérieures, il stigmatise le caractère toujours relatif des « vérités » nouvelles ; posant sans cesse de nouveaux problèmes, il découvre moins de vérités qu'il ne dévoile de « larges zones d'ignorance[27] », cultivant et agrandissant le champ de l'incertitude.

Par chance, nous ne savons presque rien. La plupart de nos certitudes ne sont que des opinions. Qu'importe : « Si quelqu'un, demande Albert Memmi, soutenait devant vous que deux et deux font cinq, lui donneriez-vous raison pour demeurer tolérant ? S'il affirmait que c'est le soleil qui tourne autour de la terre, le suivriez-vous, même du bout des lèvres ? Si quelqu'un se délectait de ce qui vous paraît détestable ? s'il accusait

---

25. Cité par Jean-Marie Vaissière, *Fondements de la cité*, Club du livre civique, 1963, p. 77.

26. *Ibid.*

27. Michel Roos, « Le rationalisme expérimental : méthode et pratique, ou la lucidité et la tolérance », *Raison présente*, 1976, n° 37, p. 17-27.

les Juifs de vendre même leurs parents, les Arabes d'être tous des intégristes, les Noirs, etc., diriez-vous, même par politesse, qu'il y a du vrai dans ces affirmations ? [...] il existe des vérités scientifiques, des impératifs moraux, des évidences esthétiques[28] ! »

La vérité est intolérante, nous sommes donc intolérants. Sans doute l'intolérance s'entend-elle ici sur le plan intellectuel : on ne doit pas transiger en pensée. Cependant, dès lors qu'une vérité est avérée et qu'elle anéantit la pertinence de l'idée adverse, le théologien comme le rationaliste s'estiment autorisés à combattre celle-ci, au besoin en recourant à la force. Dans le principe, Locke ou Rousseau sont ici d'accord avec Érasme ou Castellion : lorsqu'il s'agit de défendre la vérité, qu'elle soit dogme « certain » ou « évidente clarté », les moyens de contrainte efficaces se justifient. Au cœur des débats sur l'enseignement et la laïcité, Jules Simon s'exclame : « Tant que [la vérité religieuse] n'aura pas les caractères de l'évidence, il n'y aura pour elle d'arme légitime que la discussion[29]. » La même année, dans une lettre aux instituteurs, Jules Ferry distingue les croyances, « personnelles, libres et variables », des « connaissances, qui sont communes et indispensables à tous[30] ». Le champ de la tolérance laïque est bien celui de l'incertitude : dès lors que les vérités sont avérées, elles justifient l'instruction obligatoire.

« À chacun sa vérité », disons-nous crânement aujourd'hui. Mais nous ne pouvons nous passer de l'argument selon lequel, au bout du compte, une idée est intolérable

28. Albert Memmi, « Êtes-vous tolérant ? », *Le Figaro*, 26 octobre 1995.
29. Jules Simon, *La Liberté de conscience*, Hachette, 1883, p. 391.
30. Cité dans « 1905 ou la liberté de conscience », *Le Monde*, jeudi 19 septembre 1996, p. III.

parce qu'elle est fausse. Pour Marcuse, dès lors qu'une attitude ou une idée est, « de toute évidence », nuisible pour l'homme, dès lors qu'un parti est à coup sûr, « selon des critères rationnels », celui de l'agression et de la haine[31], la tolérance cesse. Lorsque, en 1996, la presse se demande s'il faut ou non interdire le Front national, elle sollicite le témoignage de savants qui démontrent que le racisme n'est pas fondé : sa fausseté avérée justifie qu'on ne le supporte pas[32].

Devons-nous donc être intolérants dès lors que nous tenons une certitude[33] ? La tolérance peut-elle reposer sur autre chose que sur un scepticisme radical, sur le caractère inaccessible de la vérité, voire sur l'impossibilité de « connaître la chose-en-soi » dont parle Jankélévitch[34] ? À l'évidence, le doute ne suffit pas à faire de la tolérance un principe universel, et encore moins une vertu.

« L'HARMONIE DU MONDE EST COMPOSÉE
DE CHOSES CONTRAIRES »

Prise de Constantinople par les Turcs, découverte du Nouveau Monde, déchirements religieux : à partir du XVe siècle, l'Occident chrétien est rudement confronté à

---

31. Herbert Marcuse, « La tolérance répressive », in Herbert Marcuse, Barrington Moore, Robert Paul Wolff, *Critique de la tolérance pure*, J. Didier, 1969, p. 17.

32. *Cf.*, par exemple, Claude Allègre, « Les races n'existent pas. Le racisme est une idée fausse », *Le Figaro*, 12 septembre 1996, p. 6.

33. *Cf.* Gabriel Marcel, « Phénoménologie et dialectique de la tolérance », in *Du refus à l'invocation*, 5e éd., Gallimard, 1940, p. 277-278.

34. Vladimir Jankélévitch, *Traité des vertus*, Champs-Flammarion, 1986, t. 2, p. 97.

la diversité humaine et doit se trouver des raisons d'accepter la multiplicité des pensées sur la vérité.

« Les hommes n'ont point tous le même type d'esprit »

Les humanistes réfléchissent sur l'harmonie dans la diversité, laquelle est l'essence même du monde. La Création, disent-ils, est abandon volontaire de l'unité divine : l'infinie variété des hommes et des pensées participe de ce mystère, tout comme la multiplicité des plantes ou des animaux. Utopus, le héros de Thomas More, se demande si « Dieu n'inspire pas lui-même aux hommes des croyances diverses, la variété et la multiplicité des cultes étant conformes à son désir[35] ». Pour Marsile Ficin, cette diversité engendre dans l'univers « une beauté digne d'admiration ». Quant au mystique allemand Jacob Böhme, il est ébloui par la grande variété de fleurs en ce monde, lesquelles « ne songent pas à se quereller sur les arômes, les couleurs et les goûts », et par la diversité du chant des oiseaux, « dont Dieu ne songe pas un instant à les juger[36] ».

Ainsi en est-il de la variété des mœurs et des pensées humaines. La tolérance procède de cet émerveillement devant la beauté des figures multicolores du monde, qui participent de son harmonie et parlent à l'âme de la grandeur du Créateur. Cette idée se retrouve jusque sous la plume du juriste luthérien Camerarius (1537-1624), qui rapporte que Soliman le Magnifique comparait la diversité des religions à celle des herbes et des fleurs : « Elle ne nuit aucunement, mais récrée merveil-

---

35. In Bayle, *Commentaire philosophique...*, *op. cit.*, dossier, p. 378.
36. Jacob Böhme (1575-1624), *De regeneratione*, VII, 7 et 13, in *Werke*, t. I, p. 124-125, cité par Lecler, *Histoire de la tolérance...*, *op. cit.*, t. I, p. 198.

leusement la vue et le flair[37]. » Un texte favorable à l'édit du roi de France de 1578 dit clairement que l'harmonie de l'Église de Dieu réside dans l'unité, mais il prend soin de distinguer l'ordre de la vérité, qui est un, de celui des royaumes terrestres qui s'épanouit dans la diversité : « C'est un mot ancien des philosophes que l'harmonie du monde est composée de choses contraires[38]. »

L'intolérance est contraire à l'ordre naturel de la diversité des opinions, estiment Crell[39] ou Spinoza. Puisque « les hommes n'ont point tous le même type d'esprit », il faut accepter la divergence des opinions[40], et ce d'autant plus si l'on convient, avec Locke et les empiristes anglais, que les idées de chacun sont forgées par l'expérience et qu'elles sont donc aussi diverses que l'infinie variété des perceptions humaines. Si les hommes ne pensent pas tous de la même façon, dit Aubert de Versé, c'est bien sûr parce que l'erreur est le propre de l'homme, mais surtout en raison de la diversité naturelle des esprits[41]. L'article « Tolérance » de l'*Encyclopédie* reprend ces constats : « Le monde moral est encore plus varié que le physique, et les esprits se ressemblent moins que les corps. » La variété des opinions n'est pas imputable à de simples défauts de raisonnement, mais à la « différence même des esprits ».

Aux XVIe et XVIIe siècles, les partisans de l'intolérance religieuse font valoir que la paix civile serait impossible « au milieu de deux religions différentes et contraires ».

---

37. Philippe Camerarius, *Horae subcisivae seu Meditationes historicae*, 1591 ; trad. franç. en 3 vol., Lyon, 1610, p. 283, cité par Lecler, *Histoire de la tolérance...*, *op. cit.*, t. I, p. 289.

38. *Sur l'édit du mois d'avril 1578, publié le 25 février 1599*, s.l.n.d., p. 6-7 ; BN, L[b] 35728.

39. Crell, *De la tolérance...*, *op. cit.*, p. 170.

40. Spinoza, *Traité des autorités...*, *op. cit.*, p. 27.

41. Versé, *Traité de la liberté de conscience*, *op. cit.*, p. 21.

Pour vivre en bons termes, il faut être amis, et pour être amis il faut penser la même chose[42]. Mais déjà Érasme développe l'idée que les hommes ne sont pas liés uniquement par une vérité commune, mais par la nature, par la « commune humanité ». Autrement dit, malgré nos dissemblances, notre humanité nous fait partager un « commun sentiment naturel » qui est premier, et que vient perfectionner « le seigneur, et auteur de tout le bonheur humain, le Christ[43] ». Damville, gouverneur de Languedoc, ou Michel de L'Hospital insisteront à leur tour sur cette union naturelle, « familiale », qui fait que l'on peut vivre ensemble, voire s'aimer, tout en étant différents : « Il est aisé de se compatir amiablement en deux religions comme vrais compatriotes[44]. »

La diversité des croyances n'entrave pas l'harmonie pacifique. Certains remarquent d'ailleurs que si l'unanimité régnait, l'État n'aurait nulle raison d'être. Aussi longtemps que les pouvoirs d'ici-bas s'emploient à faire régner l'ordre voulu par Dieu, ils se justifient en garantissant cette diversité envers et contre toutes les passions humaines[45]. C'est cette évidence que reconnaissent l'édit du roi de France d'avril 1578 ou la paix de religion accordée par Guillaume d'Orange en juillet de la même année[46]. S'inspirant de ces réflexions, confortées à la fois par le courant néoplatonicien et par l'école du droit

42. *Cf.*, par exemple, P. Bertin, *Traité de la liberté de conscience,* Bordeaux, Millanges, 1586, p. 6.

43. *Querela pacis* (1517), cité par Michelis Pintacuda, « Pour une histoire... », *op. cit.*, p. 135-136.

44. Lettre de Damville, le 26 février 1577, in Devic et Vaissete, *Histoire générale du Languedoc,* t. XII, n° 351, c. 1192-1196.

45. *De la concorde de l'État par l'observation des édits de pacification,* Paris, 1599, p. 42-43 ; BN, L[b] [35]744.

46. Texte in E. Hubert, *De Charles Quint à Joseph II. Étude sur la condition des protestants en Belgique,* Bruxelles, 1882, p. 165-178.

naturel qu'anime alors le juriste Grotius (1583-1645), l'homme de pouvoir doit préserver non pas la paix céleste de la vérité inaccessible ici-bas, mais la paix bruissante du multiple, une paix comparable à celle qui règne sur ces places où chacun peut faire étal de sa marchandise sans dommage pour autrui ; selon Bayle, la diversité des opinions ne cause pas plus de désordre qu'un marché d'honnêtes gens[47].

Sous cet angle, la tolérance n'est plus perçue comme destructrice de l'ordre : elle en devient la condition même. Pour le roi d'Utopie, la diversité n'implique pas la dissolution de la société ; son acceptation est au contraire un instrument de paix. Castellion tient lui aussi pour certain que ce n'est pas le laxisme mais l'intolérance, le « forcement des consciences » qui est cause de la sédition et de la guerre[48]. Spinoza explique que si les lois réprimant les idées entraînent des troubles au lieu de pacifier, c'est qu'elles sont contraires à l'ordre des choses ; si l'homme tient à ses opinions comme à lui-même et que les pensées sont par nature diverses[49], tenter de les régenter ne peut qu'entretenir violence et désordre[50].

Ainsi apparaît contraire à l'ordre public toute opinion qui se propose de ne pas tolérer celle du prochain, dressant constamment chacun contre chacun. L'autorité civile se doit, certes, de ne pas contredire cet ordre de la diversité, mais il lui faut aussi le préserver. Utopus bannit l'intolérant comme fauteur de troubles[51]. L'Église romaine ne doit point être tolérée dans les pays protes-

47. Bayle, *Commentaire philosophique...*, *op. cit.*, p. 268.
48. Cité par Lecler, *Histoire...*, *op. cit.*, t. 2, p. 66.
49. Spinoza, *Traité des autorités...*, *op. cit.*, p. 320.
50. *Ibid.*, p. 311.
51. In Bayle, *Commentaire philosophique...*, *op. cit.*, dossier, p. 377.

tants, affirme Bayle, car si son parti était le plus fort, il n'en tolérerait pas d'autre[52]. De même, un empereur de Chine est fondé à chasser de ses États un missionnaire chrétien qui prêche l'intolérance. Au cœur du XVIIIe siècle, la cause est entendue : l'intolérance est la « mère du régicide » ; c'est elle, et non la tolérance, qui pousse « au meurtre et à la persécution » ; à cet égard, constate Helvétius, toutes les religions se valent[53].

Sans doute les créatures sont-elles multiples et variées ; sans doute cohabitent-elles parfois, mais elles s'entre-dévorent également, se livrant une guerre sans merci. Dès l'instant que l'on oublie la vision d'un ordre naturel nécessairement pacifique, l'intolérance semble constituer l'ordre des choses. La tolérance ne s'impose qu'au terme d'un double constat : celui d'un ordre de la différence, celui d'un ordre de la similitude qui implique la cohabitation pacifique des différences. C'est ce qu'observe Montaigne à propos des hommes du Nouveau Monde[54], ou Grotius lorsqu'il parle d'une nature commune à tout homme, qui inspire la fraternité par-delà la diversité des pensées. Comme le dira Whichcote (1609-1653), platonicien de Cambridge, nous sommes appelés à « être compagnons les uns des autres, à prendre plaisir à la compagnie les uns des autres[55] ». De Bayle à l'*Encyclopédie*, on retrouve le même argument : puisque nos pensées sont diverses et que nous sommes destinés à vivre ensemble, la tolérance s'impose comme l'ordre nécessaire des choses.

---

52. *Ibid.*, p. 249.

53. Helvétius, *De l'homme...*, *op. cit.*, p. 795-796 et 835.

54. Michel de Montaigne, *Essais*, livre II, chapitre XIX, « De la liberté de conscience », et livre I, chapitre XXXI, « Des cannibales ».

55. Whichcote, *Several Discourses*, Londres, 1701-1707, t. III, p. 441-442.

Aujourd'hui, chacun admet que la diversité est une donnée du réel[56]. La différence participe toujours de l'harmonie de ce monde où « la beauté et le parfum de la rose n'annulent pas ceux de la violette et du jasmin[57] ». L'imitation de la nature « nous met sur la piste de la prodigalité des formes qu'elle dispense en botanique, en zoologie et en biologie humaine, par le spectacle indéfiniment renouvelé de l'extrême diversité organisée ». Ainsi doit-on « prendre plaisir à la différence d'autrui, se féliciter de la voir à l'œuvre[58] ». Notre soumission à la vérité doit trouver ses limites dans la contemplation de cette harmonie. C'est elle qui, pour Leonard Cohen, retient Abraham dans le sacrifice de son fils : « Et la main de mon père tremblait à cause de la beauté du monde[59]. » C'est elle aussi qui, dit Michel Serres, doit limiter notre quête folle de « vérité solaire[60] ».

À l'aube du IIIe millénaire, l'acceptation de la diversité prend un relief particulier. Désormais privée d'un modèle intangible, la « valeur » de chaque homme ne réside plus tant dans sa participation à une commune humanité que dans sa différence même. Le lien humain consiste de plus en plus à préserver les différences, qu'elles soient pacifiques ou agonistiques. La justification type de la tolérance est celle qu'en donne Albert Jacquard dans son *Éloge de la différence* : « Notre richesse

---

56. Raymond Polin, *La Liberté de notre temps*, Vrin, « Problèmes et controverses », 1977, p. 115.

57. Benoît Lobet, *Tolérance et vérité*, Nouvelle Cité/Racines, 1993, p. 11.

58. Raymond Mengus, « Vers une société interculturelle ? », in J.-F. Collange, J. Duprat, *L'Intolérance et le droit de l'autre*, Genève, Labor et Fides, 1992, p. 66.

59. *Story of Isaac* : « And my father's hand was trembling with the beauty of the world. »

60. Michel Serres, *Le Tiers instruit*, François Bourin, 1991, p. 188 et 190.

collective est faite de notre diversité, l'autre nous est pré-
cieux dans la mesure où il est dissemblable[61]. »

Cette valorisation de la différence pour elle-même,
sœur du souci de la « biodiversité », semble rompre avec
une tolérance fondée « sur quelque semblance fondamentale[62] ». Elle ne va pas sans difficulté. Certains y
voient un « piège » qui, loin de garantir le dialogue, le
brise en posant la distance comme irréductible. On en
vient alors à « [s']abstenir de porter un jugement sur certaines pratiques "culturelles", comme l'excision des
filles en Afrique, la polygamie ou le port du voile[63] ». Au
bout du compte, la tolérance au nom de la seule différence risque de sombrer dans l'acceptation de toutes les
voies de fait dès lors que celles-ci seraient l'expression
d'une différence constitutive d'identité.

Aussi nombre de réflexions contemporaines appellent-
elles à une justification plus équilibrée, plus classique de la
tolérance. Pour Raymond Polin, celle-ci prend acte de
« l'altérité radicale et irréductible d'autrui », mais elle se
fonde aussi sur son « essentielle similitude[64] » ; pour
Sonia Younan, le respect de la différence doit être équi-
libré par la reconnaissance du caractère universel d'une
« humanité raisonnable[65] ». Boutros Boutros-Ghali parle
du « respect de la diversité par la reconnaissance de
notre humanité commune[66] ». Il y a là plus qu'un langage propre à satisfaire à la fois aspirations identitaires et

61. Albert Jacquard, *Éloge de la différence*, Seuil, 1985.
62. H.-B. Vergote, « Présentation », in Collange et Duprat,
L'Intolérance..., *op. cit.*, p. 12.
63. Sonia Younan, « Le piège de la différence », in *Tolérance,
j'écris ton nom*, ouvrage collectif, Unesco, Saurat, 1995, p. 163-165.
64. Polin, *La Liberté de notre temps*, *op. cit.*, p. 113 et 115.
65. Younan, « Le piège de la différence », *op. cit.*, p. 163-165.
66. Boutros Boutros-Ghali, discours du 21 février 1995, in *Tolérance, j'écris ton nom*, *op. cit.*, p. 272.

points de vue universalistes : l'impératif de tolérance procède de la reconnaissance de la similitude et de la diversité, et de leur cohabitation nécessaire.

L'Un au-delà du divers

Si l'humanisme du XVIᵉ siècle insiste sur la diversité naturelle des pensées et des hommes, il perçoit sous le voile bariolé, l'universelle présence de l'Unité divine. Les Utopiens en sont convaincus : « Dieu parle en secret » à tous les hommes ; les vérités essentielles, par-delà les différences, sont ainsi transmises par toutes les religions[67]. De même, Guillaume Postel, en 1544, souligne que, par-delà les divergences, il existe une vérité commune à tous les hommes[68] ; il faut négliger les erreurs secondaires qui les divisent pour mettre en valeur la vérité unique que nous détenons tous. La diversité n'est encore ici qu'un encombrement inutile.

Le courant néoplatonicien, de son côté, lie indissolublement le multiple à l'un. Dans la diversité des pensées, ombres au fond de la caverne ou couleurs aux vitraux, il reconnaît la manifestation même de la Lumière une et parfaite. L'Unité divine traverse toutes choses. Au cœur de la diversité, il y a l'Un, au cœur du différent le Semblable : c'est là que réside le mystère du monde. Les opinions humaines sont les rayons de la vérité vus au travers des prismes de l'entendement, disent Nicolas de Cues, Marsile Ficin ou Jean Pic de La Mirandole[69].

---

67. In Bayle, *Commentaire philosophique...*, *op. cit.*, dossier, p. 377.

68. Guillaume Postel (1510-1581), cité par Lecler, *Histoire...*, *op. cit.*, t. 2, p. 29.

69. *Cf.* Michelis Pintacuda, « Pour une histoire... », *op. cit.*, p. 133-134.

Cette justification néoplatonicienne de la tolérance survit un peu dans l'expression moderne « point de vue » pour désigner une opinion ; le point de vue regarde toujours la vérité, la perçoit toujours, sous l'angle qui est le sien. En suivant la métaphore à la lettre, on peut convenir qu'un agencement judicieux de tous les points de vue donnerait une vue totale de la vérité. Ainsi le personnaliste Abauzit avançait-il en 1939 cette justification de la tolérance : « Si chaque vérité [...] n'est qu'un reflet, altéré, peut-être réfracté [...], on comprend que chaque vérité soit différente, car chaque individu est placé à un point de vue différent[70]. » Toute croyance est donc porteuse de « quelque chose qui exprime la vérité absolue », rendant chacune d'entre elles respectable[71]. Tout homme est supposé détenir non pas une part de vérité, mais la vérité sous un aspect particulier, même si c'est « de manière multiple et inadéquate[72] ».

Le subjectivisme moderne, contredisant l'expression commune, fait cependant son deuil d'une vérité vers laquelle regarderait toute pensée : « La personne est elle-même une vérité indépendante de toutes les autres. Chaque monade est porteuse d'une vérité, mais ces vérités forment un pluriel décousu[73]. » Aussi est-ce l'acceptation du « paradoxe de l'absolu au pluriel » qui, pour Jankélévitch, doit être le fondement métaphysique de la tolérance. C'est cet ordre éclaté du monde qui, pour désolant qu'il puisse sembler, fonde la dignité de la personne. Le tolérant n'est plus ici appelé à percevoir

---

70. Franck Abauzit, *Le Problème de la tolérance*, Delachaux et Niestlé, 1939, p. 242.

71. *Ibid.*, p. 245.

72. Entretien avec Claude Jeffré, « Conscience oblige », in Claude Sahel, *La Tolérance pour un humanisme hérétique*, Autrement (Morales), 1991, p. 50-70.

73. Jankélévitch, *Traité des vertus, op. cit.*, t. II, p. 103.

l'Un au-delà du divers ; il doit au contraire saluer le mystère insoluble d'un « monde déchiré[74] ».

« RENDEZ À CÉSAR CE QUI EST À CÉSAR ET À DIEU CE QUI EST À DIEU »

Au commencement, ces paroles du Christ à Pilate : « Mon royaume n'est pas de ce monde. Si mon royaume était de ce monde, mes gens auraient combattu pour que je ne fusse pas livré aux Juifs. Mais mon royaume n'est pas d'ici[75]. » Dieu lui-même affirme la coexistence de deux ordres qui n'ont rien à voir l'un avec l'autre : le royaume de Dieu et le royaume terrestre. Si, ici-bas, Dieu tolère, supporte le mal, l'homme de Dieu doit lui aussi abandonner le monde terrestre à ses propres forces. Inversement, le monde d'ici-bas est sans force sur celui des cieux.

Cette vision est au cœur du débat politique pendant dix-sept siècles : elle conduit à reconnaître deux pouvoirs aux compétences distinctes, imposant à l'un le respect du champ d'intervention de l'autre. La tolérance s'inscrit dans cette problématique : elle est non-ingérence du spirituel dans le temporel, du temporel dans le spirituel, en référence constante au commandement du Christ : « Rendez à César ce qui est à César, et à Dieu ce qui est à Dieu. »

Les défenseurs de la tolérance rappellent sans cesse l'existence de ces deux mondes à la fois infiniment distants et étroitement imbriqués. Certaines pensées et certains actes relèvent de l'au-delà, du royaume des cieux,

---

74. *Ibid.*, p. 95.
75. Jn 18, 36.

et ne regardent pas les autorités terrestres. « Qu'en toute chose on distingue bien entre deux sortes d'ordre, l'ordre spirituel et l'ordre temporel, qu'on ne mélange pas les deux sortes d'empire, l'empire du monde et l'empire du Christ[76] », recommande Caspar Schwenck-feld au début du XVIIᵉ siècle. Turgot, comme bien d'autres, rappellera à son tour les paroles du Christ au moment de son arrestation : « Si les apôtres lui pro-posent d'éloigner les soldats qui viennent pour se saisir de lui, il leur répond que [...] son royaume n'est pas de ce monde[77]. »

C'est au nom de cet ordre double que certains réformés dénient à toute autorité terrestre – qu'elle soit laïque ou ecclésiastique – le pouvoir de se mêler de ce qui concerne l'au-delà, que Locke affirme qu'il faut tolé-rer les pensées et les actions relatives à la vie future, et que Rousseau défend la tolérance religieuse : le souve-rain « n'a point de compétence dans l'autre monde, quel que soit le sort des sujets dans la vie à venir ce n'est pas son affaire, pourvu qu'ils soient bons citoyens dans celle-ci[78] ».

Mais la reconnaissance du partage des pouvoirs entre le ciel et la terre n'impose la tolérance que dans le domaine religieux. Actions et pensées sur le monde d'ici-bas sont, par définition, du ressort et du jugement des puissances terrestres. Voilà qui restreint sérieuse-ment l'impératif de suivre sa conscience en toute chose. L'homme qui se soumet à la loi divine ne devrait-il pas

76. Daniel Husser, « Le plaidoyer pour la tolérance de Caspar Schwenckfeld et de ses adeptes à Strasbourg (1529-1631) », *Conscience et liberté*, 1983, n° 25, p. 74-86.

77. Turgot, *Le Conciliateur...*, *op. cit.*, p. 402.

78. Jean-Jacques Rousseau, *Du contrat social*, livre IV, chapitre VIII, « De la religion civile », in *Œuvres complètes*, Gallimard, « Bibliothèque de la Pléiade », 1964, p. 468.

être délié en toute matière de l'obéissance aux autorités humaines[79] ? Non, car la distinction entre le terrestre et le céleste permet opportunément de restreindre aux affaires de l'au-delà l'envahissante souveraineté de la conscience. Le respect des deux empires sauve l'autorité des pouvoirs humains.

La pensée et l'action

La distinction entre le royaume céleste et le royaume terrestre en suggère une autre : le monde terrestre est celui des corps, le céleste celui de l'esprit. Parce que les choses de l'esprit sont d'un autre ordre, elles sont inaccessibles aux armes terrestres. Nos corps sont soumis à la coercition des princes de ce monde ; nos âmes et nos pensées, parce qu'elles sont immatérielles, sont hors d'atteinte de la violence. « L'hérésie est une chose spirituelle, observe Luther. On ne peut ni la frapper avec le fer, ni la brûler avec le feu, ni la noyer avec l'eau[80]. » « À quoi bon tirer le glaive contre des *corps*, alors qu'il s'agit d'une discorde des *âmes* qui, elles, n'ont rien à craindre du fer[81] ? » demande en 1537 le catholique Georges Witzel.

C'est à partir de ce lieu commun[82] que l'on passe sans crier gare de l'idée de royaume des cieux à celle de

---

79. Telle est d'ailleurs, au XVIIᵉ siècle, la conclusion d'Edward Bagshaw. Locke en perçoit le danger. *Cf.* Yves-Charles Zarka, « La tolérance, force et fragilité de la modernité », in *Tolérance, j'écris ton nom*, *op. cit.*, p. 227.

80. *Traité de l'autorité séculière* (1523), *Von weltlicher Obrigkeit*, in *W.*, t. XI, p. 268.

81. Georges Witzel (1501-1573), *Methodus concordiae ecclesiasticae*, Leipzig, 1537, préface, cité par Lecler, *Histoire de la tolérance...*, *op. cit.*, t. I, p. 228.

82. Que l'on retrouve, par exemple, sous la plume de Basnage de Beauval, *Tolérance des religions*, *op. cit.*, p. 53.

domaine de l'esprit. L'*Appel à la tolérance* du Strasbourgeois Scharnschlager (1535) est caractéristique : parce
que l'homme est ici-bas corps et âme, chair et esprit,
parce qu'il existe deux royaumes, le « royaume du
Christ » et le « royaume de ce monde », il existe deux
pouvoirs dûment décrits par les textes sacrés. L'un
règne sur les pensées (la foi), l'autre sur les actes : le
pouvoir spirituel n'agit que sur les esprits, qui ne
peuvent voir la force s'exercer sur eux[83] ; le pouvoir
temporel ne peut soumettre que les corps matériels. Les
uns se traitent par la douceur, les autres par la
contrainte.

L'article « Tolérance » de l'*Encyclopédie* fait la même
distinction : « Pour agir sur des corps, pour les mouvoir,
les diriger, on emploiera des forces physiques ; mais
pour agir sur des esprits, pour les fléchir, les déterminer,
il en faudra d'un autre genre, des raisonnements par
exemple, des preuves, des motifs ; ce n'est point avec
des syllogismes que vous tenterez d'abattre un rempart,
ou de ruiner une forteresse, et ce n'est point avec le fer et
le feu que vous détruirez des erreurs, ou redresserez de
faux jugements. » Benjamin Constant, lorsqu'il défend
la liberté de la presse, distingue la pensée et les choses
matérielles : la première est hors de portée de l'autorité,
qui ne s'applique qu'à la seconde[84]. À la fin du
XIXe siècle, l'auteur d'une *Histoire de la liberté de
conscience*, l'abbé Canet, oppose la pensée immatérielle
« libre » au domaine matériel où règne la nécessité : l'un
et l'autre répondent à des lois d'un ordre différent[85].

83. Scharnschlager, *Appel à la tolérance...*, *op. cit.*, p. 106-107.
84. *Cf.* Benjamin Constant, *De la liberté des brochures, des pamphlets et des journaux, considérée sous le rapport de l'intérêt du gouvernement*, Paris, H. Nicolle, 1814.
85. Abbé Canet, *Nature et histoire de la liberté de conscience*, Paris,
Bloud et Barral, 1893, p. 11.

Ainsi glisse-t-on sans cesse du royaume du ciel au domaine de l'âme, de l'esprit, de la pensée, et du royaume de la terre au domaine de la matière. La tolérance est alors justifiée par l'impossibilité d'intervenir non pas seulement dans le domaine religieux de l'au-delà, mais dans celui, plus général, de la pensée. Ceux qui règnent dans l'ordre du *faire* doivent punir par l'*action* (par la force) ceux qui *agissent* mal. « Que les gouvernements punissent les *malfaiteurs*, soit ; mais il ne leur appartient pas d'user de violence *en matière de foi* [...], la foi est du domaine de la conscience ; elle ne relève pas des puissances de ce monde[86] », note au XVIᵉ siècle Catherine Zell dans son *Plaidoyer pour la tolérance*. Au nom de ce partage, au milieu du XVIIᵉ siècle, Goodwin, défenseur de la secte des congrégationnistes, fait une lecture restrictive de l'Ancien Testament, et aussi de saint Paul (Rm 13, 4) qui prescrit à tout chrétien de punir « celui qui *fait* le mal : [...] débauche, adultère, injustice, trahison, sédition[87]... » ; il ne saurait être question que l'État s'immisce dans la police des croyances. De même, Rousseau fonde la tolérance sur le fait que l'État ou la loi « peut ordonner de faire, mais [...] ne peut ordonner de croire[88] ». « Ce qu'aucun pouvoir ne peut atteindre ne peut être soumis à aucun pouvoir ; ainsi, il est impossible de gouverner les opinions[89] », affirme au XVIIIᵉ siècle le publiciste Naigeon.

D'une certaine façon, comme le renard face aux raisins, l'homme de pouvoir ne renonce qu'aux choses auxquelles il n'a pas accès. Dans cette logique, tout ce

---

86. « Plaidoyer de Catherine Zell... », *op. cit.*, p. 109.

87. John Goodwin (1594-1665), *Hagiomastix or the Scourge of the Saints displayed in his Colours of Ignorance and Blood*, Londres, 1646. Commentaire sur Rm 13, 4..., p. 61.

88. Rousseau, « Cinquième lettre... », *op. cit.*, p. 787.

89. In Crell, *De la tolérance...*, n. 27, p. 226.

sur quoi l'État a prise peut faire l'objet de contrainte légitime. Dès que la pensée se traduit en actes, les pouvoirs humains deviennent compétents. Tous les comportements ont vocation à être régentés, et le geste religieux n'échappe pas à cette emprise du pouvoir sur les actes. « Seule la souveraine puissance détermine le culte et en reste de tout temps l'interprète[90] », écrit Spinoza. Ce sera la position de Rousseau, qui prend cependant soin de dire les choses autrement : « La religion ne peut jamais faire partie de la législation qu'en ce qui concerne les actions des hommes[91]. »

L'intérieur et l'extérieur

Dieu règne sur l'âme, la conscience, la pensée, toutes choses *intérieures* ; les puissances terrestres règnent sur la matière, les actes, toutes choses *extérieures*. Les deux domaines n'empiètent pas l'un sur l'autre. Aucune contrainte ne peut donc s'exercer sur l'âme. On ne saurait atteindre la forteresse intérieure en employant la force. Les martyrs chrétiens le savaient : « Brûle, déchire, torture mes membres, qui ne sont qu'un amas de boue ; il t'est facile de détruire cet assemblage fragile ; quant à mon âme, malgré tous tes supplices, tu ne l'atteindras pas[92] », écrivait Prudence. En 1637, le socinien polonais Crell distingue d'une part « les personnes, les actions, les propriétés », sur lesquelles le pouvoir humain peut agir ; d'autre part les « pensées qui s'excitent au-dedans de nous », lesquelles « échappent à tout pouvoir humain ». De même, pour son coreligionnaire Samuel Przypkowski (vers 1650), il faut distinguer le

---

90. Spinoza, *Traité des autorités...*, *op. cit.*, p. 295.
91. Rousseau, « Cinquième lettre... », *op. cit.*, p. 787.
92. Prudence, poète chrétien du IVe siècle, cité entre autres par Canet, *La Liberté de conscience...*, *op. cit.*, p. 169.

monde spirituel du Christ, monde intérieur, de celui de César, monde extérieur[93]. Vauban le dit en d'autres termes en 1689 : « Les rois sont bien maîtres des vies et biens de leurs sujets, mais jamais de leurs opinions, parce que les sentiments intérieurs sont hors de leur puissance et que Dieu seul peut les diriger comme il lui plaît[94]. » Au lendemain de la révocation de l'édit de Nantes, La Broue le répétera après beaucoup d'autres : « [L'intolérance] peut bien tirer de nous des actes extérieurs de religion ; mais il est impossible qu'elle y fasse naître des pensées, ni des sentiments conformes aux désirs des persécuteurs[95]. »

Mais la distinction entre mondes intérieur et extérieur, comprise au sens strict, réduit elle aussi à rien la tolérance. Si les princes doivent tolérer tout ce qui n'est pas à leur portée, ils peuvent contraindre en tout ce qui l'est. Ainsi, dans la première moitié du XVIe siècle, le réformateur Melanchthon, Rhegius ou le prédicateur luthérien Spangenberg affirment que le prince n'a pas accès à ce qui est intérieur, tout en laissant à sa compétence les manifestations extérieures. Ainsi le magistrat, ayant vocation à agir non pas sur l'esprit mais sur la « faculté motrice », a-t-il la possibilité, et donc le devoir, de forcer ses sujets à assister au culte pour entendre la parole de Dieu[96]. Jurieu adopte la même position, qui fait « frémir d'horreur » Aubert de Versé[97].

---

93. Samuel Przypkowski, *Cogitationes sacrae...*, Eleutheropoli (Amsterdam), 1962, p. 634, cité par Michelis Pintacuda, « Pour une histoire... », *op. cit.*, p. 145.

94. Vauban, *Pour le rappel des huguenots*, octobre 1689, cité par G. Bonet-Maury, *La Liberté de conscience en France depuis l'édit de Nantes jusqu'à la séparation*, Paris, Alcan, 1909, p. 37.

95. La Broue, *L'Esprit de Jésus-Christ...*, *op. cit.*, p. 28.

96. Melanchthon, *Prolegomena in Officia Ciceronis* (1562, in *C.R.*, t. XVI, c. 573). *Cf.* Lecler, *Histoire...*, *op. cit.*, t. I, p. 252.

97. Versé, *Traité de la liberté de conscience*, *op. cit.*, p. 49.

Le privé et le public

D'un côté le dialogue entre la créature et le Créateur, de l'autre les relations entre les hommes, c'est-à-dire le bien public. Les mouvements de Réforme, dans la mesure où ils insistent sur la relation de l'individu avec Dieu, contribuent à l'émergence d'une distinction entre l'individuel et le collectif, le privé et le public. Cette distinction se superpose aux oppositions entre spirituel et temporel, pensée et acte, intérieur et extérieur. Rendre à César ce qui est à César, à Dieu ce qui est à Dieu, revient à respecter le domaine où l'homme se trouve seul face à son Créateur. Selon ce schéma assimilant l'intérieur à l'individuel et l'opposant au collectif, le roi de Pologne Étienne Bathory (1576-1586), fervent catholique, peut affirmer : « Je suis roi des peuples et non des consciences[98]. »

La nature de la relation à Dieu tient ainsi un rôle essentiel dans la formation d'une sphère privée. Spinoza, ici dans le courant de la Réforme, voit en ce domaine intérieur où la créature dialogue seul à seul avec Dieu une intimité qui se rattache à une « prérogative si personnelle de l'individu humain » qu'on ne saurait y pénétrer[99]. Il oppose ainsi le *privé*, par définition inaccessible, à l'*extérieur* où règne sans partage l'autorité du magistrat. Celui-ci ne peut agir sur ce qui est privé, car il n'y a pas accès, mais tout ce qui concerne les affaires interhumaines est de son ressort.

Ce partage, qui double en quelque sorte la distinction entre politique et religieux, est aussi un des thèmes majeurs de l'argumentation lockienne : tout ce qui

---

98. André Wegierski, *Slavonia reformata*, Amsterdam, 1679, p. 215.
99. Spinoza, *Traité des autorités...*, *op. cit.*, p. 146 et 295.

relève du salut, c'est-à-dire du royaume des cieux, ne regarde pas la collectivité mais seulement l'individu. Locke passe aisément de l'opposition civil-religieux à l'opposition public-privé : il faut tolérer les opinions religieuses parce qu'elles concernent les intérêts de l'au-delà et non de la terre, et que ces intérêts sont strictement personnels. Ceux qui règnent sur la vie communautaire ne sauraient « interférer dans le monde privé qui me rattache à l'autre monde ». Le salut est « une affaire entre Dieu et moi[100] ».

Ce même glissement s'observe chez Rousseau[101] ou Helvétius, qui opposent tantôt vie sociale et vie individuelle, tantôt vie sociale et vie religieuse : « Tout ce qui se rapporte immédiatement à Dieu ne doit avoir pour juge que l'Être suprême. Le magistrat [...] uniquement chargé du bonheur temporel des hommes n'a droit de punir que les crimes commis contre la société[102]. » De même, chez Turgot, le dialogue intime de l'individu avec la divinité introduit une distinction entre le privé et le public. Suivons l'une de ses remarques justifiant la tolérance : « L'Église [est] occupée du salut des âmes, l'empire occupé du bonheur des peuples, l'un et l'autre ayant des lois distinctes, comme les choses du ciel doivent l'être de celles de la terre[103]. » Dans cette affirmation, apparemment simple, Turgot associe le ciel et les âmes d'une part, la terre et les peuples d'autre part, en renforçant par ces rapprochements la justification de la tolérance.

D'une façon générale, l'histoire des idées politiques n'a cessé d'entretenir la confusion entre ces différentes

---

100. Locke, *Essai sur la tolérance, op. cit.*, p. 108.
101. Par exemple, Rousseau, *Du contrat social,* livre IV, chapitre VIII, « De la religion civile », *op. cit.*, p. 467.
102. Helvétius, *De l'homme..., op. cit.*, p. 398-399.
103. Turgot, *Le Conciliateur..., op. cit.*, p. 413, 430 et 456.

oppositions : royaume des cieux-royaume terrestre / monde immatériel-monde matériel / âme-corps / pensée-action / intérieur-extérieur / privé-public. C'est cette confusion, favorisée par l'imprécision des concepts, qui a déterminé mais aussi fait varier le champ de la tolérance. Tantôt la pensée apparaît réduite à la pensée religieuse, tantôt le privé est réduit au for intérieur, tantôt la pensée n'est plus qu'une activité purement privée, etc. Si l'on met sur le même plan les oppositions céleste-terrestre et pensée-action, on laisse supposer qu'il n'y a pas d'*actes* proprement religieux et on ne les donne pas comme relevant d'un autre ordre ; du même coup, on les place hors du principe de tolérance (il en va ainsi, explicitement, chez Spinoza). De la même façon, l'équivalence entre pensée-action et intérieur-extérieur suggère que l'*expression* de la pensée est toujours de l'ordre de l'action, et conduit à placer celle-ci hors tolérance – sauf à reconnaître que certaines libertés extérieures relèvent de la liberté intérieure. L'équivalence entre intérieur-extérieur et privé-public, en ce qu'elle affirme que les comportements (extérieurs) privés sont du même ordre que les comportements publics, les exclut par là même de la tolérance.

Ces équivalences mal ajustées élargissent aussi le champ de la tolérance : de la tolérance des pensées religieuses, les hommes de la fin du XVIIIe siècle sont passés aisément à celle de toute pensée, sur le politique par exemple. De la tolérance de tout ce qui est intérieur, on glisse à ce qui est privé, actes compris. Locke regroupe ainsi dans le champ de la tolérance à la fois ce qui est spéculatif et ce qui ne concerne strictement que l'individu.

De ces variations entremêlées émerge une constante : la tolérance se fonde dans tous les cas sur l'affirmation de deux ordres présentés comme imperméables. Aujourd'hui encore, Yves-Charles Zarka peut affirmer que la tolérance « consiste dans le respect des ordres distincts[104] » – quels qu'ils soient, pourrait-on ajouter.

Il faut évoquer ici l'ambiguïté sur laquelle repose l'efficacité du respect de l'ordre double des choses. Tout se passe comme si l'on s'appuyait sur le raisonnement suivant : les deux ordres ne *peuvent* pas communiquer, donc ils ne le *doivent* pas. Or, si réellement ils ne le peuvent pas, si le terrestre est étranger au céleste, la pensée à l'action, etc., il est absurde d'appeler au respect d'une « étanchéité » qui s'impose d'elle-même ; par exemple, comme le relèvera ironiquement l'abbé Morellet, à quoi bon exalter le respect des consciences si celles-ci se trouvent, par définition, hors de portée ?

Là où la tolérance pose problème, c'est justement lorsque l'objet considéré nous semble relever, d'une façon ou d'une autre, de deux ordres à la fois ; lorsqu'un ordre, par une des brèches de ces catégories imparfaitement équivalentes, se mêle à l'ordre opposé. Doit-on, par exemple, tolérer les *actes* (associés à royaume terrestre-extérieur-public) perçus comme ayant un caractère *religieux* (et donc associés à céleste-intérieur-privé) ? les *pensées* (intérieur-privé) qui concernent le politique (extérieur-public) ? les *comportements* (action-public) apparaissant comme privés (pensée-intérieur) ?

L'expression de la pensée (par la parole ou par l'écrit) est un des lieux où se mêlent le matériel et l'immatériel, l'intérieur et l'extérieur, le privé et le public. Comme le note Tzvetan Todorov, « la parole rend la séparation entre penser et agir beaucoup moins facile qu'elle ne paraissait à première vue[105] », précisément parce qu'elle appartient à la fois à un monde et à l'autre. Spinoza

---

104. Zarka, « La tolérance, force et fragilité... », *op. cit.*, p. 224.

105. Tzvetan Todorov, « La tolérance et l'intolérable », in *Les Morales de l'histoire*, Grasset, Collège de philosophie, p. 191-212.

estime que la parole est indissolublement liée à la pensée ; elle est une incontinence de la pensée qui ne sait rester secrète, et qu'il faut bien supporter comme s'il s'agissait d'une imperfection insurmontable. Spinoza ne perçoit pas ce que relèvera Kant : il n'y a guère de pensée si on ne la communique pas[106].

Ce lien consubstantiel entre parole et pensée, le fait que cette dernière est conditionnée par le langage, lui-même conditionné par l'échange, est au XIXe siècle une des grandes justifications de la tolérance : « Qui dit penser dit parler, affirme par exemple Eugène Pelletan. L'homme ne pense qu'à la condition de parler, c'est-à-dire de mettre sa pensée en commun, et de la transmettre par l'écriture[107]. » Dès lors que paroles et écrits sont ainsi rangés dans l'ordre de la pensée, la liberté d'expression devient un droit pour l'être pensant à persister dans son être, c'est-à-dire un droit de l'homme.

La question est-elle résolue ? Plus l'extériorisation des opinions apparaît comme de l'ordre de la pensée, plus celle-ci, dans le même temps, fait figure d'action. Dès le XVIIe siècle, le développement des moyens de diffusion a donné à l'expression des idées non plus l'allure d'un épiphénomène, d'une « incontinence » spinozienne, mais celle d'un *acte* capable de modifier une opinion publique. Avec l'essor de l'imprimé, cette *opinion*

---

106. Emmanuel Kant, *Qu'est-ce que s'orienter dans la pensée ?* (1786), Vrin, 1993, p. 86 : « Penserions-nous beaucoup, et penserions-nous bien, si nous ne pensions pas pour ainsi dire en commun avec d'autres, qui nous font part de leurs pensées et auxquels nous communiquons les nôtres ? Aussi bien, l'on peut dire que cette puissance extérieure qui enlève aux hommes la liberté de communiquer publiquement leurs pensées leur ôte également la liberté de penser... »

107. Eugène Pelletan, *Le Droit de parler. Lettre à M. Imhaus*, Paris, Pagnerre, 1862, p. 7.

publique (alliance, dans l'expression même, de l'intérieur et de l'extérieur, du privé et du communautaire !) est devenue un véritable acteur des jeux du pouvoir[108]. Penser peut ainsi revenir à agir. Le XIXe siècle a perçu au plus haut point la dimension du problème. Benjamin Constant, en 1814, pose la question de la liberté de la presse en ces termes : dès l'instant que l'expression de la pensée produit un « effet infaillible », elle doit être considérée comme une action et jugée comme telle par l'autorité compétente, c'est-à-dire l'autorité politique[109]. Aujourd'hui plus encore, par l'intermédiaire des grands médias, « parler, c'est agir[110] ». On entrevoit aussitôt de justes raisons de ne pas tolérer...

La tolérance perd de sa pertinence dès que l'ordre du monde n'est plus perçu comme double. Celui qui ne croit pas au ciel ne doit-il pas tout attendre, donc tout exiger, ici et maintenant ? Lorsque la pensée est perçue comme une simple manifestation de la matière, ou lorsque les pensées les plus intimes ne sont plus que la résultante des influences extérieures, la tolérance, ignorance mutuelle de deux mondes, devient sans objet.

Les défenseurs de la tolérance se retrouvent alors comme sommés de montrer que celle-ci n'est pas seulement cette indifférence réciproque devenue sans objet, mais un *instrument* qui permet de réaliser des fins supérieures, qu'elles soient « spirituelles » ou « temporelles » : la tolérance se justifie non plus dans le registre de l'ordre des choses, mais dans celui de l'utilité.

---

108. *Cf.*, sur ce point, Polin, *La Liberté de notre temps*, *op. cit.*, p. 131.
109. *Cf.* Constant, *De la liberté des brochures...*, *op. cit.*
110. Todorov, « La tolérance et l'intolérable », *op. cit.*, p. 210.

II

En vue de l'utilité

« Celui qui se présuppose ou constitue une chose pour but à laquelle il ne peut jamais parvenir ne doit être estimé que fol et insensé[1]. » À la fin du XVIᵉ siècle, l'auteur anonyme du *Discours contenant le vray entendement de la pacification de Gand* entend démontrer que la contrainte en matière d'idées religieuses n'a jamais convaincu personne. Locke, cent ans plus tard, considère à son tour que la tolérance est un comportement de raison dans les domaines sur lesquels on n'a pas prise[2]. Être tolérant, ce n'est pas seulement se soumettre à des commandements ou à un ordre impérieux des choses, c'est aussi savoir s'adapter aux buts que l'on s'est fixés. Pour être légitime, la tolérance doit s'accorder à ce que l'humanité reconnaît comme ses fins supérieures. Ainsi ses défenseurs se réclament-ils tantôt du salut, tantôt du bien public, tantôt de la vérité. Que ces objectifs soient distincts ou convergeants, la tolérance s'inscrit dans une logique d'utilité.

---

1. *Discours contenant le vray entendement de la pacification de Gand*, s.l. (1579), p. 57.
2. Ainsi que l'observe Jean-Fabien Spitz in Locke, *Lettre sur la tolérance*, *op. cit.*, introduction, p. 14.

1

En vue du salut éternel

Les philosophes du XVIIIe siècle emploient souvent le mot « utilité » dans le sens restreint d'« utilité sociale ». Mais cet usage ne doit pas nous égarer : il existe aussi une « utilité transcendante ». Dans un XVIe siècle où chacun se préoccupait de l'au-delà, les défenseurs de la tolérance s'interrogent sur les moyens d'atteindre le seul objectif qui vaille : le bonheur éternel. Cette idée sera longtemps reprise, jusque par les philosophes des Lumières ; c'est l'adversaire qu'il faut convaincre d'être tolérant, celui pour qui la fin supérieure reste la vie éternelle.

« Tolérer les choses qui ne sont pas nécessaires »

« Nous pouvons ignorer les choses qui ne sont pas nécessaires pour [notre] salut[1] », écrit Castellion. Ne serait-ce qu'en raison de l'imperfection de l'homme, la

---

1. *De arte dubitandi* (1563), cité par Michelis Pintacuda, « Pour une histoire... », *op. cit.*, p. 137.

connaissance parfaite ne saurait être une condition de la béatitude. Les disciples de Jésus eux-mêmes n'avaient pas compris tout son enseignement, mais seulement l'essentiel[2], destiné à être saisi par tous. Les points sur lesquels tout le monde s'accorde sont, par définition, les plus importants[3]. C'est dans cette perspective que l'humaniste Aconcio demande de distinguer « les questions menues [...] qui sont inutiles » et « celles où l'erreur peut être dangereuse ». Le chrétien peut ainsi disposer d'un symbole de foi simple où « rien ne manque de ce qui est nécessaire pour être sauvé, [et où rien n'est] compris dont la connaissance ne soit indispensable pour le salut ».

Les premiers débats sur la question de la tolérance s'attachent donc à discerner les vérités essentielles et les vérités accessoires, selon qu'elles sont plus ou moins utiles au salut. Cette démarche est largement répandue dans toute l'Europe. On la retrouve dans la plupart des courants de réforme. Ainsi, en Pologne, chez les sociniens : « Puisque dans la religion chrétienne il y a beaucoup de choses qui sont utiles, sans être cependant nécessaires au salut éternel, rien n'empêche l'existence de plusieurs Églises divergentes entre elles, mais pourvues d'une doctrine suffisante pour permettre à leurs membres d'arriver au salut[4]. » « Pour [...] les autres choses, qui ne sont pas strictement nécessaires, nous demandons qu'on donne place à [la] liberté de prophé-

2. Giacomo Aconcio, *Stratagemata Satanae*, libri VIII, éd. Giorgio Radetti, Florence, 1946, p. 70, 180, 454, 513-514, cité par Michelis Pintacuda, « Pour une histoire... », *op. cit.*, p. 137-138.

3. William Chillinworth (1602-1644), *Works*, t. II, p. 58, cité par Lecler, *Histoire...*, *op. cit.*, t. 2, p. 370.

4. Socin, *De Ecclesia*, Bibliotheca Fratrum Polonorum, éd. A. Wissowatius, Irenopolis (Amsterdam), 1656, I, p. 347.

tie[5]. » En France, le pasteur Jurieu distingue également les vérités salutaires de celles qui ne sont pas « de la première importance ». Si l'on peut tolérer ces dernières, qui ne « détruisent pas la foi salutaire », il n'est pas question, en revanche, de supporter une erreur qui priverait du salut[6].

Quelle est cette vérité minimale dont le refus ne saurait faire l'objet d'aucune tolérance ? Érasme, Aconcio ou Castellion conviennent qu'elle se résume en la foi dans la charité. « Tu ne seras pas condamné pour ignorer si l'Esprit saint procède du Père et du Fils, d'un seul principe ou de deux ; mais tu n'éviteras pas la damnation si tu ne t'efforces de posséder les fruits de l'Esprit, à savoir charité, joie, paix, patience, mansuétude [...], chasteté[7]. » Ce qui est fondamental et reconnu par tous, ce sont « les obligations de l'amour chrétien[8] ». Or, s'il est important de les mettre en pratique, la foi dans leur caractère essentiel est, elle aussi, indispensable. Ce qui compte n'est pas ce que nous croyons connaître de Dieu, résume Spinoza, mais la conformité de nos actes aux commandements divins. L'homme est tenu d'adhérer aux vérités qui induisent une « vie vraie[9] » : l'existence d'un Dieu de justice et d'amour.

Mais distinguer ainsi entre nécessaire et superflu, objectent certains, revient à interpréter l'Écriture à sa convenance – une erreur typiquement protestante,

5. *Catechesis Ecclesiarum Polonicarum...*, Irenopoli (Amsterdam), post A.D. 1659, s.n., cité par Michelis Pintacuda, « Pour une histoire... », *op. cit.*, p. 145.

6. Pierre Jurieu, *Lettre de quelques protestants pacifiques au sujet de la réunion des religions à MM. du clergé de France*, s.l.n.d., p. 20-21 et 25-26.

7. Lettre 1334, 5 janvier 1523 ; *O.E.*, t. II, p. 77, 180-181.

8. Cité par Zweig, *Castellion contre Calvin, op. cit.*, p. 206.

9. Spinoza, *Traité des autorités...*, *op. cit.*, p. 104.

affirment les catholiques. N'est-ce pas faire preuve d'un monstrueux orgueil face à la Révélation ? Loin de calmer les controverses, une telle position ne peut qu'ajouter des points de désaccord sur la distinction entre l'erreur que l'on peut pardonner et celle qu'il faut condamner[10]. Il n'est pas de vérité essentielle ou secondaire : se soumettre à la vérité est une condition nécessaire au salut.

D'une certaine façon, Bayle reprend la logique de ces opposants. Coupant court à une discussion sans issue puisqu'il n'y a pas accord sur ce qui est essentiel et superflu, il avance que la tolérance procède de l'empire absolu de tout ce qui « apparaît » à notre conscience comme étant la vérité[11]. Toute vérité perçue comme telle oblige. Voilà fermement établi ce que Pie IX cataloguera comme une des grandes erreurs modernes dans son *Syllabus* : « Les hommes peuvent trouver le chemin du salut éternel et obtenir le salut éternel dans le culte de n'importe quelle religion[12]. »

« *Nous n'avons besoin d'aucune œuvre pour atteindre à la félicité* »

Quant à nos actions, selon Luther, elles ne sont que la conséquence de la vie en Dieu, et « nous n'avons besoin d'aucune œuvre pour nous justifier et atteindre à la félicité[13] ». Les commandements divins eux-mêmes sont destinés à ne pas être respectés : l'homme, placé devant

---

10. Yvon, *Liberté de conscience...*, op. cit., p. 40.

11. Bayle, *Commentaire...*, op. cit., p. 336-337.

12. Pie IX, *Syllabus*, Office international des œuvres de formation civique et d'action doctrinale selon le droit naturel et chrétien, 1964, p. 17.

13. Luther, *La Liberté du chrétien*, in *Les Grands Écrits réformateurs*, op. cit., p. 212.

son impuissance et sa faiblesse, ne peut que s'en remettre à la grâce de Dieu[14]. Au regard du salut, dit Luther, le chrétien se trouve bel et bien libéré de ces obligations si peu nécessaires que les prescripteurs eux-mêmes ne les respectent pas et monnaient leurs dispenses.

Or, si les œuvres ne sont d'aucun secours, on ne saurait exiger du chrétien ni pratique ni comportement au nom de sa destinée céleste. Puisqu'il n'y a rien à faire pour gagner le ciel, les pouvoirs n'ont plus rien à ordonner en son nom. La Réforme, en retirant à l'homme la maîtrise de son salut, prêche une tolérance absolue[15] dont profite avant tout l'intolérance. Comme les persécutions et les souffrances qu'on inflige à l'homme pour le contraindre à telle ou telle action sont sans effet sur sa destinée éternelle[16], les puissances de ce monde sont donc libres d'agir à leur guise. Toute vie extérieure – celle qui est à portée de leur pouvoir – se trouve remise entre leurs mains.

La démarche de Spinoza est un peu semblable. C'est par la « véracité de l'âme[17] » qu'on parvient au salut. Les manifestations extérieures de la foi étant non pas la condition de la vie en Dieu, mais de simples signes[18], on ne saurait les imposer au nom du salut[19]. Cependant, puisque le comportement des hommes ici-bas n'affecte nullement leur vie dans l'au-delà, les pouvoirs terrestres

---

14. *Ibid.*, p. 210.
15. Ainsi que le remarque Olivier Abel, « Pierre Bayle et la conscience errante », in *La Tolérance, république de l'esprit, op. cit.*, p. 55-59.
16. Luther, *La Liberté du chrétien, op. cit.*, p. 216.
17. *Ibid.*, p. 146.
18. *Ibid.*, p. 100.
19. Spinoza, *Traité des autorités..., op. cit.*, p. 46.

ont toute latitude pour réglementer leurs actions à leur convenance, « au nom de l'intérêt communautaire ».

Effet ambigu que celui de cette tolérance de l'indifférence ! La vie éternelle des uns et des autres n'étant pas en cause, les puissances de ce monde peuvent régner sans partage. Dans le même temps que l'intolérance n'est plus justifiée au regard du salut, elle gagne du champ dans l'optique de l'intérêt public terrestre. À peu près à la même époque que Spinoza, Locke, en plaçant la détermination du salut dans les contrées inaccessibles de la conscience, élargit d'autant le champ de l'intolérance au nom du bien commun. Il en va de même avec son disciple Rousseau. Après eux s'ouvre un nouveau débat : justifier la tolérance par rapport à l'intérêt commun.

LA TOLÉRANCE, INSTRUMENT DE SALUT

« Puisqu'il n'y a qu'une voie de salut, tous les hommes doivent la suivre, et empêcher les autres de s'en écarter ; ce que la prudence nous prescrit, la charité nous en fait un devoir pour nos frères, et nous ne devons rien épargner pour convertir les cœurs au Seigneur[20]. » Cette profession de foi n'est pas due à un inquisiteur, mais à Turgot. Si un champion de la tolérance reste aussi catégorique, c'est que celle-ci est aussi un véritable instrument qui permet à l'homme de faire accéder son prochain à la félicité éternelle.

---

20. Turgot, *Le Conciliateur*, *op. cit.*, p. 393.

Sans le libre arbitre, point de salut

Être tolérant, c'est en premier lieu laisser une place à la liberté sans laquelle le salut n'est pas concevable. Saint Bernard écrit dans son *Traité de la grâce et du libre arbitre* : « Supprime le libre arbitre et il n'y a plus rien à sauver[21]. » C'est dans l'espace de liberté dont il dispose que l'homme assure son salut ; la contrainte, en détruisant la liberté, amoindrit à proportion la possibilité de salut. Aussi bien l'Église affirme-t-elle avec constance, depuis Thomas d'Aquin, qu'elle n'a jamais demandé l'intervention du bras séculier pour imposer des croyances par la force[22]. Au cœur des guerres de religion du XVIe siècle, les partisans de la conciliation rappellent avec insistance que le Christ, à la différence des dieux des païens et du dieu de Mahomet, doit être suivi volontairement. Lorsque la foi est contrainte, « elle n'est plus la foi[23] », c'est-à-dire la libre adhésion. Comme Michel de L'Hospital, on ne cessera de redire que contraindre un homme dans les voies du salut revient à l'en détourner purement et simplement. Ainsi Walwyn : « Tout homme est tenu d'être entièrement persuadé de la vérité de la voie dans laquelle il sert le Seigneur[24]. » Bayle ajoute qu'obliger un homme à aller contre sa conviction profonde, c'est l'enfoncer dans le péché en l'incitant au

---

21. Saint Bernard, *Œuvres*, traduites et préfacées par M.-M. Davy, Aubier-Montaigne, 1945, 2 vol., t. I, *De la grâce de Dieu et du libre arbitre* (*De gratia et libero arbitro*), avant 1128, p. 267.

22. Père Monsabré, 4e conférence du Carême de 1882, p. 12-13, cité par Canet, *Nature et histoire...*, *op. cit.*, p. 3.

23. Michel de L'Hospital, *Œuvres*, t. I, p. 469-479, cité par Lecler et Valkhoff, *Les Premiers Défenseurs...*, *op. cit.*, p. 72.

24. Cité par Jean-Fabien Spitz dans son introduction à Locke, *Lettre sur la tolérance*, *op. cit.*, p. 34.

mensonge et à la fourberie[25]. On n'atteint pas le salut
« par une route que la conscience désapprouve[26] », dit
Locke ; pour lui comme pour Thomas d'Aquin, la
contrainte va à l'encontre de la religion. Chacun doit
pouvoir adhérer à celle-ci « dans le choix intime et
volontaire de l'esprit[27] ». Turgot souligne que si l'erreur
damne, la félicité éternelle passe par la libre adhésion à
une vérité. L'article « Intolérance » de l'*Encyclopédie*
(rédigé par Diderot) parle de l'instruction, de la persuasion et de la prière comme des « seuls moyens légitimes
d'étendre la religion ». Si cet argument porte, c'est que
les contemporains perçoivent la libre adhésion comme
la condition *sine qua non* du salut. À l'instar de Pascal,
les défenseurs de la tolérance montrent comment l'intolérance prétend « avoir par une voie ce qu'on ne peut
avoir que par une autre[28] », contraindre là où il faut
nécessairement emporter la libre adhésion.

L'histoire de la chrétienté en témoigne assez : le salut
de celui qu'on entend convaincre ne saurait, à lui seul,
dissuader de recourir à la contrainte. Celui qui est dans
l'erreur, en diffusant celle-ci, compromet sa propre destinée éternelle mais aussi l'avenir de son prochain. Si
l'Église n'a jamais pensé convaincre quiconque par la
force, elle a justifié les persécutions qu'elle a conduites
par le salut de ceux que le déviant détourne de la vérité :
les gentils « peuvent être contraints [...] à ne pas empêcher la foi par des blasphèmes, de mauvaises persua-
sions et des persécutions ouvertes. C'est pourquoi les
fidèles du Christ font souvent la guerre aux infidèles ; ce
n'est pas pour les forcer à croire [...], mais c'est pour les

25. Bayle, *Ce que c'est que la France...*, *op. cit.*, p. 70.
26. Locke, *Lettre sur la tolérance*, *op. cit.*, p. 185.
27. *Ibid.*, p. 109.
28. Zarka, « La tolérance, force et fragilité... », *op. cit.*, p. 224.

contraindre à ne pas empêcher la foi du Christ[29] ». Dès lors que la destinée éternelle se joue dans l'adhésion à une vérité objective dont les autres hommes sont susceptibles de vous détourner, sa dimension communautaire justifie que l'on passe outre à la liberté de tel ou tel.

« Dieu ne peut pas se trouver là où il n'y a pas la paix »

Aussi les défenseurs de la tolérance mettent-ils en avant un autre argument : parce qu'elle est pacificatrice, la tolérance est également un instrument permettant le salut du plus grand nombre.

Bien des adversaires de la tolérance présentent la paix comme un objectif terrestre, concurrent à celui du salut. Le prince ne doit nullement balancer entre l'un et l'autre. Les Églises, la catholique comme les réformées, ne manquent pas de rappeler au souverain qu'il est responsable du bonheur de ses sujets et que son premier souci doit être leur félicité éternelle. « Comme le serviteur public de Dieu tout-puissant[30] », il se doit de combattre les hérétiques. La faiblesse qu'il manifeste parfois à l'égard des opinions dissidentes au nom de la paix civile ne relève que d'une préférence coupable pour les conforts factices et passagers d'ici-bas. Jacques de Pamele s'élève ainsi, en 1589, contre toute liberté de culte « pour des motifs purement civils ou politiques[31] ». À la même époque, Jean de Lens, théologien de Louvain, accuse les « politiques » d'« accorder aux choses

29. Saint Thomas, *S.T.*, II, IIae, q. 10, a. 8c.

30. Le cardinal de Lorraine s'adressant à Henri II lors de son sacre en 1547, cité par Lecler, *Histoire...*, t. 2, p. 25.

31. Jacques de Pamele (Pamelius), *De religionibus diversis non admittendis, Excellent et très utile traicté de ne recevoir diverses religions en aucun royaume*, Anvers, 1589, trad. franç., Lyon, 1592, p. 159 du texte latin, cité par Lecler, *Histoire...*, *op. cit.*, t. 2, p. 204.

humaines la préférence sur les choses divines, aux intérêts terrestres la préférence sur les intérêts célestes[32] ».
Quelques années plus tard, le père Skarga reproche aux
princes de négliger le salut de leurs sujets dans leur
volonté de paix à tout prix[33].

Les partisans de la tolérance rétorquent qu'il faut pré-
férer « la paix la plus inique à la plus juste guerre[34] », que
le désordre est un plus grand mal que la persistance de
l'erreur[35]. « Sous prétexte d'assurer le triomphe de la
vérité, faut-il permettre que [les sujets] se déchirent les
uns les autres[36] ? » Cet apparent recul du souci de vérité
n'est pas sans rapport avec les progrès d'une religion
non doctrinale. Mais si certains sont favorables à un
accommodement pacifique, c'est d'abord que la paix est
une condition de la vie en Dieu. Érasme insiste sur cette
idée. À ses yeux, sans doute, toute paix n'est pas une
véritable paix, car elle peut être aussi conspiration en
vue du mal. La paix ne saurait justifier l'acceptation de
religions différentes[37]. Cependant, « il ne peut pas y
avoir de paix là où Dieu n'est pas présent et Dieu ne

---

32. Jean de Lens (1541-1593), *De libertate christiana*, Anvers,
1590, lib. XIV, c. 14, p. 893, cité par Lecler, *Histoire...*, *op. cit.*, t. 2,
p. 195.

33. A. Berga, *Les Sermons politiques du P. Skarga*, Paris, 1916,
p. 44-45.

34. Georges Witzel, *Methodus concordiae ecclesiasticae*, Leipzig,
1537, préface, cité par Lecler, *Histoire...*, *op. cit.*, t. 1, p. 228.

35. *Apologie de l'édit du roy...*, *op. cit.*, p. 426.

36. *L'Exhortation aux Princes et Seigneurs du Conseil privé du
Roy, pour obvier aux séditions qui semblent nous menacer pour le fait de
la religion*, reproduite dans les *Mémoires de Condé*, t. II, p. 613-636,
cité par Lecler, *Histoire...*, *op. cit.*, t. 2, p. 43.

37. *Cf.* sur ce point Turchetti, « Une question mal posée... », *op.
cit.*, p. 383.

peut pas se trouver là où il n'y a pas la paix[38] ». L'intolérance sanguinaire ne peut être porteuse de la vérité
divine, affirme également Bayle : « Un ordre qui serait
naturellement enchaîné [...] avec cette horrible suite de
profanations, et avec cette extinction totale des principes généraux de l'équité naturelle, qui sont les lois
éternelles et immuables, ne peut pas être parti de la
bouche de celui qui est la vérité[39]. » Paix et vérité sont
consubstantielles.

De façon concrète, la paix qu'apporte la tolérance
peut être un instrument de vérité, partant de salut. La
paix ne signifie pas seulement le repos des hommes,
mais aussi cet apaisement des passions et des craintes
sans lequel l'esprit humain ne peut s'élever. Le désordre
public, au contraire, tient ces passions et ces craintes en
éveil, et détourne de la vérité. La tolérance peut certes
apparaître comme une acceptation de l'erreur et du
mal ; elle apaise en tout cas ces tensions qui entravent
l'exercice de la raison, instrument de la vérité.

Plus simplement, la paix évite le désordre des mœurs
– crimes, vices, mensonges – qui, si l'on croit aux conséquences des actes dans l'au-delà, est fatal. Lorsque
Érasme écrit en 1530 au cardinal Campeggio que tolérer les sectes serait « un mal, [mais...] plus léger en tout
cas que la guerre[40] », son souci de la paix ne signifie nullement qu'il fait passer le salut au second plan. Toute
persécution, parce qu'elle inhibe la raison, est ennemie
de la vérité, et compromet donc le salut de chacun.

La tolérance, outre qu'elle écarte de grands maux
porteurs de damnation, peut renforcer la ferveur, la

---

38. Érasme, *Querela pacis*, *op. cit.*, p. 11-12, cité par Michelis
Pintacuda, « Pour une histoire... », *op. cit.*, p. 135-136.

39. Bayle, *Commentaire philosophique...*, *op. cit.*, p. 118-119.

40. Lettre d'Érasme au cardinal Campeggio, 1530 ; *O.E.*, t. IX,
p. 15, citée par Lecler, *Histoire...*, *op. cit.*, t. 1, p. 52.

pureté de mœurs et l'ardeur des catholiques[41]. Ce thème, développé par exemple par le jésuite Becanus (1563-1624), est maintes fois repris : dans la mesure où les tenants des différentes religions font assaut de vertus et s'efforcent d'être les meilleurs, on peut accepter l'erreur.

L'Église elle-même ne perd jamais de vue cet aspect parfois positif de la tolérance, tant au regard des mœurs que de la vérité salvatrice. Selon un principe sans cesse rappelé depuis Thomas d'Aquin, en particulier par Léon XIII dans son encyclique *Libertas* (1888), les pouvoirs publics peuvent être appelés à tolérer « certaines choses contraires à la vérité et à la justice, en vue d'un mal plus grand à éviter ou d'un bien plus grand à obtenir ou à conserver[42] ». Au milieu du XXe siècle, Pie XII posera explicitement la tolérance comme un moyen de paix, donc de salut. La répression des déviations morales n'est nullement une fin en soi ; « pour promouvoir un plus grand bien », il est parfois plus efficace de ne pas empêcher l'erreur[43]. L'objectif de salut reste prioritaire, mais la paix – et donc la tolérance en tant que moyen d'obtenir la paix civile – peut favoriser la félicité éternelle du plus grand nombre. Il y a là, entre le religieux et le politique, une alliance objective, parfois un heureux malentendu, qui les porte à parler tous deux de tolérance.

---

41. Martin Becanus, *Manuale controversiarum*, lib. V, c. 16 ; *Opera omnia*, I, p. 1559-1560, cité par Lecler, *Histoire...*, *op. cit.*, t. 1, p. 292.

42. Léon XIII, *Libertas...*, *op. cit.*, p. 25.

43. Pie XII, *Discours à l'Union des juristes catholiques italiens*, 6 décembre 1953, Documentation catholique, 23 décembre 1953.

2

Pour le bien commun

Au milieu du XVIe siècle, alors que la chrétienté se déchire et que l'État s'affirme en Europe, se développe l'idée que l'autorité civile a des objectifs terrestres qui sont distincts du salut. C'est en particulier la position des « politiques », qui triomphe sous Henri IV. « Pourquoi notre roi ne se pourra-t-il servir de ceux qui sont contraires à sa religion, s'ils sont commodes et profitables à sa République[1] ? » se demande sans état d'âme un libelliste au début du XVIIe siècle. En d'autres termes, la tolérance se justifie aussi par rapport à l'« utilité commune », que celle-ci soit maintien de l'ordre pacifique ou, plus tard, progrès et bonheur.

Tout comme sous l'angle du salut, la tolérance procède ici de deux constats : d'une part certains domaines n'intéressent pas l'utilité commune et peuvent, de ce fait, faire l'objet de tolérance ; d'autre part, celle-ci est un moyen efficace de parvenir à ces fins collectives.

---

1. *Apologie de l'édit du roy sur la pacification de son royaume, contre la remonstrance des États de Bourgogne* (anonyme), in *Mémoires de Condé*, t. IV, p. 417-441, cité par Lecler, *Histoire..., op. cit.*, t. 2, p. 68.

Tolérer ce qui ne concerne pas le bien public

Il faut être tolérant à l'égard de tout ce qui n'a pas de dimension collective. Cette réflexion va faire naître une distinction entre ce qui est utile et ce qui est vrai, la « vérité » manquant d'intérêt aux yeux des pouvoirs voués à la seule « utilité ».

Tolérer ce qui n'est pas collectif

Les questions religieuses concernent seulement l'individu, et non l'intérêt commun. Cette idée se développe surtout dans les mouvements de réforme, où les théologiens mettent l'accent sur la grâce et sur la prédestination, ôtant ainsi à l'homme la maîtrise de son salut. Puisque le salut dans l'au-delà n'est pas lié aux actes de la vie terrestre, il suffit à chacun d'être en accord avec sa propre conscience de la vérité. La question de la félicité éternelle n'est décidément plus une affaire collective[2].

La tolérance selon John Locke et, après lui, selon les philosophes des Lumières, est fondée sur cette distinction entre le salut et le bien commun. L'État doit s'employer à préserver les biens civils, « la vie, la liberté, l'intégrité du corps et sa protection contre la douleur, la possession des biens extérieurs », sans se préoccuper du « salut des âmes[3] ». Quant à la vraie religion, elle implique une relation « privée » entre Dieu et la créature ; les pratiques religieuses déterminent une communauté de prières, mais elles ne concernent nullement la vie sociale. Pour cette raison, elles doivent être libres[4].

---

2. *Cf.*, par exemple, le *Discours contenant le vray entendement...*, *op. cit.*, p. 31-32.

3. Locke, *Lettre sur la tolérance*, éd. Polin, p. 11, repris dans l'article « Tolérance » de l'*Encyclopédie*.

4. Locke, *Essai sur la tolérance...*, *op. cit.*, p. 111.

« La liberté de professer telle ou telle religion n'a rien de commun avec la société civile. C'est une chose qui lui est absolument indifférente et accidentelle[5] », affirme Aubert de Versé. Si la tolérance s'impose en matière de religion, explique Turgot, c'est que « l'intérêt de chaque homme est isolé par rapport au salut[6] », et que nul ne peut ici aider son prochain.

Mais jusqu'où un gouvernement doit-il étendre la tolérance religieuse ? Pour Locke, les croyances ne relèvent pas de sa compétence, puisqu'elles sont purement « spéculatives ». Le pouvoir doit aussi se montrer tolérant à l'égard des opinions concernant l'existence terrestre, comme la famille ou la façon dont chacun envisage sa vie, dans la mesure où elles n'ont pas de conséquences sur la société. Le politique est comptable du seul intérêt public, « la fin pour laquelle on a institué le gouvernement[7] ». Il est donc appelé à tolérer là, et là seulement, où cet intérêt public n'est pas en jeu. Locke n'exclut d'ailleurs nullement d'examiner les questions de religion sous cet angle.

L'attitude de Locke à l'égard de la foi en Dieu est conforme à une opinion, constante jusqu'au XVIIIe siècle[8], selon laquelle il ne peut y avoir d'ordre public sans religion. L'autorité politique doit sévir contre les matérialistes et les athées, dit Thomas More. Ceux-ci ne sont pas sujets à la crainte qui pousse à respecter les mœurs et

---

5. Versé, *Traité de la liberté de conscience, op. cit.*, p. 27.

6. Turgot, *Première lettre sur la tolérance* (écrite en 1753), in *Œuvres de Mr Turgot, op. cit.*, t. II, p. 355 ; *cf.* aussi *Le Conciliateur, op. cit.*, p. 430.

7. Locke, *Essai sur la tolérance..., op. cit.*, p. 105-107.

8. Comme le constate Étienne Pasquier, *Œuvres*, Amsterdam, 1723, t. II, c. 73-114, cité par Lecler et Valkhoff, *Les Premiers Défenseurs..., op. cit.*, p. 65.

les institutions[9], et c'est pour cette raison que les Utopiens les chassent de leur cité. Au milieu du XVIe siècle, l'athéisme est assimilé à la « liberté de mal faire [...], source de tout désordre et dissolution des républiques », et passe pour « le plus grand et plus dangereux monstre qui puisse entrer en une république[10] ». Il faut une religion aux hommes, puisque ceux-ci doivent être « réglés par quelque discipline[11] », écrit Michel de L'Hospital. De même, Locke estime que l'irréligion est inacceptable parce qu'elle dispense de toute obéissance, de la bonne foi qui est le fondement du contrat civil, toutes choses que seule peut garantir la perspective d'un châtiment outre-tombe[12]. Croire en Dieu et en l'au-delà dissuade chacun, à commencer par le prince[13], de mal faire. Aussi, affirme Aubert de Versé, faut-il punir « ceux qui voudraient faire profession d'athéisme ». Ce disciple de Locke leur réserve un sort peu enviable : « Tout magistrat a droit d'user de son autorité pour les punir. Il est même obligé de faire recherche de ces athées cachés. Il faut retrancher et exterminer ces sectaires-là comme des pestes du genre humain, et des ennemis jurés de toute société et de toute autorité civile[14]. » Cent ans plus tard, l'abbé Morellet convient, sur un ton plus modéré, que l'on est coupable envers la société « en imprimant qu'il n'y a ni Dieu ni devoir envers le gouvernement établi[15] ».

---

9. More, *Utopie, op. cit.*, p. 188.

10. *Epistre au roy sur le fait de la religion* (1564), in Lecler et Valkhoff, *Les Premiers Défenseurs..., op. cit.*, p. 81.

11. Michel de L'Hospital, *Œuvres*, t. 1, p. 469-479, cité par Lecler et Valkhoff, *Les Premiers Défenseurs..., op. cit.*, p. 72.

12. Locke, *Lettre sur la tolérance, op. cit.*, p. 206 ; *cf.* également Versé, *Traité de la liberté de conscience, op. cit.*, p. 35.

13. Locke, *Essai sur la tolérance, op. cit.*, p. 114.

14. Versé, *Traité de la liberté de conscience, op. cit.*, p. 31.

15. Abbé Morellet, *Préservatif contre un écrit intitulé Adresse à l'Assemblée nationale, Sur la liberté des opinions, etc.*, Paris, de l'Imprimerie de Crapart, in *Opuscules de Morellet*, p. 33.

Il suffit donc qu'une croyance ou un comportement religieux concerne la communauté pour que l'autorité soit fondée à exercer son contrôle ou à sévir. Le prince, en raison même de la mission qu'il a reçue de Dieu, est appelé à sanctionner une doctrine religieuse si elle s'oppose au principe d'autorité et d'obéissance. Ainsi Locke ou Jurieu[16] contestent-ils la soumission au pape, car celle-ci va à l'encontre de l'obéissance aux pouvoirs civils : c'est là une de ces doctrines « destructrices de la société[17] ». D'une façon générale, le prince « peut interdire la publication d'une opinion lorsqu'elle tend à troubler le gouvernement[18] », par exemple quand l'autorité du prince, la paix, la sûreté et la sécurité du peuple sont en jeu. « Pour la conservation de la république et de la société à laquelle ils commandent », explique Bayle, les gouvernants sont amenés à réprimer les doctrines « qui portent à la sédition, au vol, au meurtre, au parjure[19] ». Dans le sillage, Turgot confirme que le pouvoir doit sévir contre la religion dans certaines conditions : « Toute doctrine, toute action contraire au bien de la société, doit être défendue [interdite]. Il est ici égal qu'elle soit ou ne soit pas un acte de religion ; son rapport au bien public, voilà la règle du prince [...] dans ce qu'il permet et ce qu'il défend, il n'a d'égard qu'à l'utilité civile, et jamais au salut des âmes[20]. » Rousseau ne dit

---

16. Pierre Jurieu, *Politique du clergé de France*, Cologne, 1681, p. 121, cité par Bernard Cottret, « Tolérance ou liberté de conscience ? », *op. cit.*, p. 343 : « Les princes protestants ne peuvent être assurés de la fidélité de leurs sujets catholiques, à cause qu'ils ont fait serment de fidélité à un autre prince qu'ils considèrent comme plus grand que tous les rois, c'est le pape. »
17. Locke, *Essai sur la tolérance, op. cit.*, p. 119.
18. *Ibid.*, p. 113.
19. Bayle, *Commentaire philosophique..., op. cit.*, p. 244.
20. Turgot, *Le Conciliateur..., op. cit.*, p. 412.

pas autre chose : « Les sujets ne doivent [...] compte au souverain de leurs opinions qu'autant que ces opinions importent à la communauté [...]. Les dogmes de religion n'intéressent ni l'État ni ses membres qu'autant que ces dogmes se rapportent à la morale, et aux devoirs que celui qui les professe est tenu de remplir envers autrui. Chacun peut avoir au surplus telles opinions qu'il lui plaît[21]. » En limitant le domaine d'intervention du souverain, Jean-Jacques paraît ici ouvrir un champ de liberté, mais il n'en affirme pas moins que la tolérance doit cesser quand l'intérêt public est en question. Marcuse défendra la même idée : en matière de paix, de liberté et de bonheur, « certaines choses ne peuvent être dites, certaines idées ne peuvent être exprimées, certaines politiques ne peuvent être proposées, certaines conduites ne peuvent être permises sans faire de la tolérance un instrument qui perpétue la servitude[22] ».

À ce compte, les adversaires de la tolérance ne sont pas radicalement contredits. Dès le XVIᵉ siècle, c'est sur le terrain du bien commun terrestre que ceux-ci cherchent à se placer. Lorsque Luther demande au pouvoir civil de sévir contre les anabaptistes, il invoque leur volonté de transformer l'ordre social[23]. Lorsque, en 1527, Zwingli condamne l'anabaptiste Manz, il met en avant non pas tant l'hérésie elle-même que ses conséquences néfastes pour la paix civile : « De telles doctrines [...] mènent au scandale, au tumulte, aux rébellions contre le gouvernement ; elles troublent la

---

21. Rousseau, *Du contrat social*, livre IV, chapitre VIII, « De la religion civile », *op. cit.*, p. 467-468.

22. Marcuse, « La tolérance répressive », *op. cit.*, p. 20.

23. *Cf.* Zweig, *Castellion contre Calvin, op. cit.*, p. 142.

paix universelle, l'amour fraternel, l'unanimité civique et provoquent toutes sortes de maux[24]. »

On retrouve les mêmes idées du côté de la Contre-Réforme. Le prince chrétien, dit Pierre Canisius, doit intervenir pour défendre la vraie foi, car elle est « protectrice de la paix, de l'obéissance, de l'unité, de la discipline, de la charité et de tous les biens d'ordre civil et spirituel ; par contre, la foi fausse et antichrétienne est la racine d'où sortent les divisions, les désordres, les rébellions, les insolences et les excès de toutes sortes[25] ». Pour justifier l'exécution des hérétiques obstinés, le jésuite Martin Becanus (1563-1624) affirme qu'ils détruisent la paix de l'État en détruisant l'unité de l'Église[26]. Quand bien même le prince n'aurait pour mission que l'ordre public d'ici-bas, il doit préserver la vraie religion[27].

Que la religion regarde l'État, ni Bodin[28], ni Bossuet[29], ni Pey[30] n'en doutent. Laissant de côté l'argu-

---

24. Texte reproduit in A. Brons, *Ursprung, Entwicklung und Schicksale der Taufgesinnten oder Mennoniten,* Norden, 1884, p. 37, cité par Lecler, *Histoire...*, *op. cit.*, t. 1, p. 207.

25. *B. Petri Canisii Epistulae*, éd. Braunsberger, t. VI, p. 633-634, cité par Lecler, *Histoire...*, *op. cit.*, t. 1, p. 275.

26. *Theologica scholastica*, 2a pars, t. I, tr. 15, q. 6 ; *Opera omnia*, I, p. 355, cité par Lecler, *Histoire...*, *op. cit.*, t. 1, p. 292.

27. Par exemple Bertin, *Traité de la liberté de conscience, op. cit.*, p. 6.

28. Pour Bodin, il « n'y a chose qui plus maintienne les États et républiques que la religion, et que c'est le principal fondement de la puissance des monarques, de l'exécution des lois, de l'obéissance des sujets, de la révérence des magistrats, de la crainte de mal faire et de l'amitié mutuelle envers un chacun ». *La République* (1576), éd. franç. de 1577, IV, 7, p. 746.

29. Par exemple Bossuet, *Cinquième avertissement..., op. cit.*, p. 279.

30. Pey insiste sur ce point : *cf. La Tolérance chrétienne..., op. cit.*, p. 9, 25, 42, 61, 124, 134, 221.

ment du salut, ils mettent en avant que le catholicisme prêche l'obéissance aux pouvoirs ainsi que la « patience des maux » – à l'inverse de la religion réformée, qui ne parle qu'« élargissement ». Parce qu'il conforte l'ordre social, le gouvernement doit le défendre comme son fondement même. En 1832, le pape Grégoire XVI résumera ainsi cette position traditionnelle : les hommes qui se félicitent (avec Luther) d'« être libres de tout » détruisent l'ordre souverain et engendrent la servitude, alors que les « préceptes sacrés de la religion chrétienne » prêchent une « constante soumission envers les princes », qui est garante de la paix publique[31]. C'est donc en vertu de sa mission civile que le gouvernant a le devoir de prendre fait et cause pour la vraie religion, et de réprimer les opinions contraires.

Les tolérants ne récusent pas l'utilité de la religion au regard de la vie communautaire, mais ils attirent l'attention sur le fait que toutes les religions imposent les mêmes devoirs sociaux. Bayle, contre Bossuet et Locke, avance que le catholicisme et le calvinisme offrent les mêmes avantages[32]. L'Usbek des *Lettres persanes*, se divertissant à prendre au mot les défenseurs de l'intolérance civile, résume la position des Lumières : qu'il faille aux peuples une religion, certes, mais pourquoi la catholique en particulier ? Toutes enseignent le principe d'obéissance à l'autorité et les vertus nécessaires à la vie en société[33]. Dès lors elles peuvent être toutes admises. En tout cas, il en faut une : la religion, explique Turgot, est l'« instruction publique ». « Il faut [...] une éducation pour le peuple, qui lui apprenne la probité ; qui lui mette

---

31. Grégoire XVI, *Mirari vos* (1832), Villegenon, éditions Sainte-Jeanne-d'Arc, 1981, p. 16.

32. *Cf.* Negroni, *Intolérances...*, *op. cit.*, p. 151.

33. Montesquieu, *Lettres persanes*, éd. Jean Starobinski, Gallimard, « Folio », 1973, p. 207.

sous les yeux un abrégé de ses devoirs sous une forme claire, et dont les applications soient faciles dans la pratique[34]. »

Cette éducation, c'est la « religion civile » que Rousseau appellera de ses vœux, dont « les dogmes [...] doivent être simples, en petit nombre, énoncés avec précision sans explications ni commentaires. L'existence de la divinité puissante, intelligente, bienfaisante, prévoyante et pourvoyante, la vie à venir, le bonheur des justes, le châtiment des méchants, la sainteté du contrat social et des lois : voilà les dogmes positifs. Quant aux dogmes négatifs, je les borne à un seul : c'est l'intolérance ; elle rentre dans les cultes que nous avons exclus[35] ». Les châtiments ultimes sont préconisés à l'encontre de ceux qui ne croient pas en ce nouveau catéchisme. Ici, parce que l'intérêt commun est en jeu, la croyance est obligatoire, et la tolérance n'est pas de mise.

De cette conviction selon laquelle les opinions religieuses concernent l'ordre public, l'article X de la Déclaration des droits de l'homme et du citoyen porte témoignage : « Nul ne doit être inquiété pour ses opinions, même religieuses, pourvu que leur manifestation ne trouble pas l'ordre public établi par la loi. » À l'orée de la Révolution, la religion reste le domaine le plus crucial de la pensée aux yeux du politique, lequel semble ne s'en désintéresser qu'à regret.

Au nom de la liberté ? Sans doute, mais le XVIIIe siècle remplace la crainte de l'au-delà, censée garder l'homme dans les bornes des lois de la communauté, par la foi en l'éducation : quand l'éducation, par le moule de l'habi-

---

34. Turgot, *Première lettre...*, *op. cit.*, p. 357.
35. Rousseau, *Du contrat social*, livre IV, chapitre VIII, « De la religion civile », *op. cit.*, p. 467.

tude de pensée et d'action, peut garantir l'obéissance, quand la volonté éducative a de puissants moyens de diffusion, la perspective d'un au-delà, intime garde-chiourme, se fait beaucoup moins nécessaire au politique. La foi en l'éducation et en ses moyens pose ainsi les bases de la laïcité. L'autorité publique dispose-t-elle des moyens de « s'occuper en secret de l'opinion publique » (selon l'expression de Rousseau), de modeler les pensées à sa convenance par la propagande et par les rites civils, de garantir une soumission aussi absolue que volontaire aux dogmes d'intérêt public ? Avec ce nouvel encadrement moral, la tolérance à l'égard de la religion va de soi : celle-ci n'est plus utile au politique.

Tolérer ce qui est affaire de vérité

Si le royaume de Dieu est affaire de vérité, les royaumes terrestres, eux, sont voués à l'enchaînement des effets aux causes. Vérité et salut d'un côté, utilité et intérêt public de l'autre. Du XVIᵉ au XVIIIᵉ siècle, un lieu commun s'impose : le politique ne s'intéresse qu'à ce qui est utile. Il n'a que faire de la question de la vérité des dogmes ; seul lui importe leur effet social.

Luther indiquait que c'était la sédition, et non l'hérésie, que devait combattre le prince. De même, Castellion affirme que le pouvoir civil n'a pas à se mêler de l'erreur, mais de la subversion, de la révolte. « Les lois n'ont pas à décider de la vérité des dogmes, dit après lui Locke ; elles n'ont en vue que le bien et la conservation de l'État et des particuliers qui le composent[36]. » « Ce n'est pas à la fausseté des opinions qu'il faut prendre garde, quand on veut savoir si elles doivent être tolérées

---

36. Locke, *Lettre sur la tolérance, op. cit.*, p. 199.

dans un État, mais à l'opposition qu'elles ont à la tranquillité et à la sûreté publique[37] », écrit également Bayle.

Il faut donc distinguer entre la vérité d'une opinion et son utilité. Pour Turgot, il y a d'un côté le juge du vrai, de l'autre le juge de l'utile. Le juge du vrai, c'est-à-dire l'autorité religieuse, est fondé à ne pas tolérer d'opinion dissidente parce que la vérité est une, mais n'a pas les moyens de recourir à la force parce que son royaume n'est pas de ce monde. Le juge de l'utile, c'est-à-dire l'autorité civile, est indifférent à la question de la vérité et peut admettre l'erreur dès l'instant que celle-ci est sans conséquence sur l'intérêt public, voire la protéger quand elle va dans le sens de ce dernier[38]. « Cette heureuse alliance de l'intolérance ecclésiastique et de la tolérance civile[39] » est en particulier défendue, au XVIIIᵉ siècle, par les ecclésiastiques éloignés des sphères du pouvoir[40].

Que la vérité religieuse et l'utilité sociale n'aient pas tendance à s'accorder, le siècle des Lumières en est certain. L'empiriste anglais Mandeville (1670-1733) démontre que l'ignorance et l'erreur des peuples peuvent aller de pair avec l'ordre social et le bonheur ; Voltaire explique que les religions les plus fausses sont parfois les plus profitables à cet égard[41] ; Rousseau développe l'idée que la religion la plus vraie est aussi la plus dissolutrice des liens sociaux, alors que celle qui est manifestement fausse assure la cohésion et le bonheur des peuples[42].

---

37. Bayle, *Commentaire philosophique...*, *op. cit.*, p. 247.

38. Turgot, *Seconde lettre...*, *op. cit.*, p. 361 et 383.

39. *L'Intolérance éclairée*, anonyme (curé de Saint-Cyr), s.l., 1777, p. 40-41.

40. Negroni, *Intolérances...*, *op. cit.*, p. 190.

41. Voltaire, *Traité de la tolérance*, *op. cit.*, p. 129.

42. Rousseau, *Du contrat social*, livre IV, chapitre VIII, « De la religion civile », *op. cit.*, p. 464-465.

À la suite de Locke, le XVIIIᵉ siècle affirme donc que le prince juge de l'utile et non du vrai. Cette distinction, en apparence limpide, semble fonder la tolérance des idées, de toutes les idées. En réalité, comme le remarque John Stuart Mill, prendre en considération l'utilité suppose que celle-ci ait une *vérité* – par exemple que la paix vaut mieux que la guerre pour le bonheur des peuples, que le bonheur réside dans la richesse, etc., sans parler de toutes les vérités « techniques » qui guident l'action politique. Le souverain, comme tout un chacun, se réfère à un corpus de vérités composant un dogme civil. Or, qu'il soit roi ou qu'il soit peuple, il est réputé *a priori* détenteur de cette « vérité de l'utile » et en reste maître, ce qui l'amène à cette intransigeance dogmatique dont Turgot dit, à propos du dogme religieux, qu'elle est justifiée en raison de l'unicité de la vérité[43].

Cette distinction entre vrai et utile en dissimule en réalité une autre, entre vrai-inutile (c'est-à-dire les vérités sur l'au-delà) et vrai-utile (c'est-à-dire les vérités « sociales »), dont le souverain est le juge. On peut rejeter certaines opinions pour des raisons d'utilité publique tout aussi bien qu'en raison du salut, la différence étant qu'en matière d'utilité publique le recours à la contrainte peut être légitime. En d'autres termes, l'esprit dogmatique passe sans coup férir du domaine religieux au domaine civil. Les « catéchismes » de Voltaire[44] sont des livres de vérité ; substitués à l'ancien, ils établissent bel et bien un dogme dictant les voies et moyens du bonheur humain. Rousseau, tout en faisant mine d'écarter la question du vrai au profit de celle de l'utile, se fait éga-

---

43. Turgot, *Le Conciliateur...*, *op. cit.*, p. 391-392.
44. Que Rousseau le suppliait d'écrire : *cf.* lettre à Voltaire du 18 août 1756, in *Œuvres complètes*, Gallimard, « Bibliothèque de la Pléiade », t. IV, 1969, p. 1073.

lement le théoricien d'un dogmatisme incluant des vérités religieuses au nom de l'utilité sociale. Au bout du compte, il ne cache pas qu'il existe selon lui des opinions fausses qui excluent de la société ceux qui les partagent[45]. L'adhésion à un certain nombre de dogmes civils est obligatoire : « Que si quelqu'un, après avoir reconnu publiquement ces dogmes, se conduit comme ne les croyant pas, qu'il soit puni de mort. » Le souverain – ici le peuple – est en droit de « dogmatiser » ; il est le gardien d'une vérité de l'utilité sociale, qui s'est simplement substituée aux vérités religieuses. C'est la « religion civile dont il appartient au souverain de fixer les articles[46] ». Rousseau et ses successeurs ne sauraient tolérer ici aucune déviance : « Formez [...] une religion universelle, qui soit, pour ainsi dire, la religion humaine et sociale, et que tout homme vivant en société soit obligé d'admettre. Si quelqu'un dogmatise contre elle, qu'il soit banni de la société[47]. »

L'homme des Lumières est, tout comme le dogmatique mystique, convaincu que vrai et utile ne font qu'un. La question de la vérité reste donc intimement liée à celle de l'utilité. Le débat porte en réalité sur la question de l'utile-à-quoi : quand les philosophes rêvent de bonheur terrestre, les hommes de religion pensent au salut. Tout comme Mgr de Beaumont avec qui il polémique, Rousseau croit que l'utile et le vrai se confondent[48]. Quand l'évêque s'en remet à la vérité pour déduire l'utile, le philosophe s'en remet à l'utile pour connaître la vérité : « Vous parlez [...] de ce qui est utile aux hommes [...], les hommes peuvent juger de

---

45. *Ibid.*
46. Rousseau, *Du contrat social*, livre IV, chapitre VIII, « De la religion civile », *op. cit.*, p. 467.
47. Rousseau, *Lettre à Christophe de Beaumont...*, *op. cit.*, p. 976.
48. *Ibid.*, p. 969.

cela. Prenons donc cette utilité pour règle, et puis éta-
blissons la doctrine qui s'y rapporte le plus. Nous pour-
rons espérer d'approcher ainsi la vérité autant qu'il est
possible à des hommes ; car il est à présumer que ce qui
est le plus utile aux créatures est le plus agréable au
Créateur[49]. » Dans le même registre, Helvétius explique
que le culte vrai est celui qui procure ici-bas le plus
grand bonheur aux hommes, car le vrai Dieu est nécessairement juste et bon, et « le vrai est toujours utile au
public[50] ». Morellet[51], Grégoire[52] ou Robespierre feront
valoir la même équivalence : « Aux yeux du législateur,
tout ce qui est utile au monde, et bon dans la pratique,
est la vérité[53]. »

Voilà justifiée une nouvelle intolérance dogmatique :
parce qu'elle concerne le bien-être en cette vie, elle peut
légitimement compter sur la collaboration de toutes les
forces terrestres – celles-ci ne s'occuperont que de ce
qui les regarde.

---

49. *Ibid.*, p. 975.

50. Helvétius, *De l'homme...*, *op. cit.*, p. 102 et p. 806.

51. Morellet, *Observations sur une dénonciation de la Gazette lit-
téraire faite à M. l'archevêque de Paris*, s.l.n.d., in *Opuscules de Morellet*, p. 3.

52. Abbé Henri Grégoire, *Essai sur la régénération physique,
morale et politique des Juifs,* ouvrage couronné par la Société royale
des sciences et des arts de Metz le 23 août 1788, Champs-
Flammarion, 1988, p. 134.

53. Robespierre, *Sur les rapports des idées religieuses et morales
avec les principes républicains et sur les fêtes nationales.* Rapport présenté au nom du Comité de Salut public (18 floréal an II, 7 mai
1794). In Robespierre, *Discours et rapports à la Convention*, UGE,
« 10-18 », 1965, p. 263.

LA TOLÉRANCE, INSTRUMENT DU BIEN PUBLIC

Jusqu'à la fin du XVIIIᵉ siècle, l'intérêt commun consiste essentiellement à assurer la paix, à défendre l'ordre contre les vices et la folie des hommes. Dans ce contexte général, les partisans de la tolérance s'attachent à montrer que la répression des idées, ou plutôt de leur expression, compromet l'ordre social.

Ceux que l'on persécute, remarque Castellion, sont des hommes de courage et de bonne foi « qui aimeraient mieux mourir que de dire ou faire autre chose que ce qu'ils pensent qui doit être dit ou fait[54] ». L'intolérance, note Spinoza, incite et habitue tout un chacun au mensonge permanent ; puisqu'on ne persécute que ceux qui ont le courage de leurs opinions, on punit la vertu et l'on récompense le vice, ce qui est contraire à l'intérêt de l'État[55]. Van Paets, en 1686, avance les mêmes arguments : « La violence peut faire croître le nombre des hypocrites et des comédiens, également infidèles à leur dieu et à leur prince[56]. » La persécution ne s'en prend qu'à ceux que leur constance conduit à « négliger [les] intérêts d'ambition et de fortune[57] ». « La violence en matière de religion étouffe tout sentiment d'honneur, la bonne foi, la générosité, et introduit le déguisement, la dissimulation et l'hypocrisie[58] », reprend peu après Aubert de Versé. Bayle, Fénelon ou Turgot ne pensent pas autrement[59]. John Stuart Mill, commentant l'obligation de professer la croyance en Dieu pour être admis à témoigner en justice, ironisera sur cette façon de rete-

---

54. Castellion, *Traité des hérétiques*, *op. cit.*, p. 136 *sq.*
55. Spinoza, *Traité des autorités...*, *op. cit.*, p. 316, 318, 320.
56. Van Paets, *Lettre sur les derniers troubles...*, *op. cit.*, p. 8.
57. Basnage de Beauval, *Tolérance des religions*, *op. cit.*, p. 44.
58. Versé, *Traité de la liberté de conscience*, *op. cit.*, p. 9.
59. Turgot, *Le Conciliateur...*, *op. cit.*, p. 387.

nir le témoignage de tous les athées qui consentent à mentir, et de rejeter celui des hommes qui prennent le risque de la vérité[60]...

L'ordre véritable repose sur la bonne foi et la reconnaissance de la vertu. Celui que consacre l'intolérance est fondé sur un principe de fausseté et de dissimulation, mais aussi sur la valorisation des dissidents, les meilleurs comme les pires, que leurs concitoyens confondent dans une même compassion. En outre, le pouvoir intolérant rassemble ses victimes hétéroclites, qui se découvrent ainsi des intérêts communs, ne serait-ce que celui de secouer le joug de l'autorité[61]. La tolérance, au contraire, développe une émulation vertueuse, garante du maintien d'un ordre authentique. Quand la pensée est libre, nous dit Bayle (mais aussi l'Usbek de Montesquieu[62]), chacun, voulant présenter sa vérité comme *la* vérité et ayant à cœur de se montrer plus strict observant que son prochain, fait assaut de piété, de bonnes mœurs, de science, d'amour de la patrie[63]. Collins, dans son *Discours sur la liberté de penser*, expose en 1714 les mêmes arguments. La tolérance évite que des scélérats se réfugient sans complexe dans l'obédience à la « secte » en faveur, laquelle les dispensera de toutes les vertus ; elle met en valeur celui qui, pensant librement, ne se recommande que par ses qualités personnelles. En outre, dès que l'homme est occupé à réfléchir – et Dieu sait si cela l'occupe ! –, il se détourne « des habitudes et des passions vicieuses », propres à l'oisiveté et si néfastes à l'ordre public[64].

---

60. John Stuart Mill, *De la liberté*, Presses-Pocket, « Agora », 1990, p. 69.

61. Locke, *Essai sur la tolérance...*, op. cit., p. 132-133.

62. Montesquieu, *Lettres persanes*, op. cit., p. 233.

63. Bayle, *Commentaire philosophique...*, op. cit., p. 257.

64. Anthony Collins, *Discours sur la liberté de penser*, Londres, 1714 ; BN, D2 5184, p. 178.

Plus profondément, la tolérance, estiment Spinoza et Bayle, permet à chacun d'ordonner ses pensées et ses comportements selon la raison. L'homme affranchi de toute crainte et de toute haine peut instaurer en lui-même cet ordre intérieur qui le gardera de la violence, « de la colère, de la ruse[65] ». La liberté des opinions n'est pas une licence laissée au n'importe quoi ; loin de détruire l'ordre des sociétés (comme l'affirmera l'encyclique *Mirari vos*[66]), elle le renforce en le soumettant à la raison.

Cette idée prend une importance particulière lorsque l'opinion publique est la voix du peuple souverain. Si le pouvoir légitime résulte de la volonté de tous, l'expression et la libre confrontation des idées sont un élément institutionnel essentiel. À l'orée de la démocratie, lors de la préparation des États généraux, la censure d'État est placée devant une contradiction dont elle ne sortira plus : « Comment pourrait-on à la fois demander aux Français de mettre par écrit leurs doléances, de donner leur avis par l'intermédiaire de leurs représentants, et en même temps leur interdire d'exprimer ce qu'ils pensent[67] ? » Si l'on admet que les intérêts de la nation doivent être discutés pour pouvoir émerger, la censure perd toute sa pertinence. Malesherbes note lui-même qu'une « assemblée nationale, sans la liberté de la presse, ne sera jamais qu'une représentation infidèle[68] ». « Obligés de tout savoir pour décider sur tout, [...] comment saurez-vous tout, si tous ne sont pas

---

65. Spinoza, *Traité des autorités...*, *op. cit.*, p. 312.
66. Grégoire XVI, *Mirari vos*, *op. cit.*, p. 12.
67. Georges Minois, *Censure et Culture sous l'Ancien Régime*, Fayard, 1995, p. 277.
68. Malesherbes, *Mémoire sur la liberté de la presse*, Imprimerie nationale, 1994, p. 235 et 272.

écoutés[69] ? » demande Mirabeau devant les députés des États généraux.

La tolérance permet de connaître la volonté du peuple ; elle est aussi le moyen d'ordonner l'intérêt public selon la raison grâce à la confrontation des arguments. Pour l'abbé Morellet, la liberté d'écrire et d'imprimer est une condition nécessaire au perfectionnement de l'administration ; c'est elle qui construit une opinion publique véritable[70], conforme à *la* raison et fondée sur *les* raisons des uns et des autres[71]. Un pouvoir juste n'a rien à craindre de l'exercice de la raison ; bien au contraire, celui-ci le renforce et le stabilise[72]. Le républicain Boudeville, en 1912, voit également dans la tolérance une condition de l'émergence de l'intérêt commun : « L'expérience collective ne peut se constituer, et la raison collective s'exercer, sans la liberté intégrale d'opinion. » « République et tolérance d'opinion [...] sont deux concepts inséparables », cette dernière étant « une indispensable condition de l'organisation républicaine de la société[73] ».

Rousseau et ses disciples, mais aussi les défenseurs de la liberté d'expression au XIXᵉ siècle, partagent au moins une conviction avec les tenants de l'unité de la chrétienté au XVIᵉ siècle : les hommes ne sont vraiment unis que là où ils pensent la même chose. L'ordre social véritable est le regroupement de tous autour d'une vérité. Il en va de même de l'idéal laïque : la tolérance en est un élément essentiel en ce qu'elle est un moyen de parvenir à cette

---

69. Mirabeau, *Sur la liberté de la presse*, *op. cit.*, p. 63.

70. *Cf.* là-dessus Francine Marcovits, « Entre croire et savoir », in Sahel, *La Tolérance...*, *op. cit.*, p. 136.

71. Morellet, *Réflexions sur les avantages...*, *op. cit.*, p. 22 et 27.

72. *Ibid.*, p. 20.

73. E. Boudeville, *La Liberté d'opinion*, Sens, Imprimerie ouvrière, 1912, p. 8, 10, 11, 12 et 13.

vérité qui rassemble. « Si les vérités sont universelles et que nous puissions tous découvrir les mêmes, cette libre compénétration des idées [...] nous permettra de nous rapprocher peu à peu les uns des autres par la pensée et par le cœur [...]. La certitude unit d'une manière adéquate, intime, notre pensée à la vérité découverte, et unit entre eux d'une manière profonde et vivante ceux qui partagent les mêmes convictions[74]. »

La liberté des idées peut-elle favoriser la constitution d'une raison commune ? Le courant libéral apporte une nuance de taille. Selon lui, la liberté de la presse, la confrontation des positions et les objections réciproques calmeront l'opinion « par la discussion » et la formeront au débat[75]. Cependant, ce « libre marché » de la pensée ne crée pas à proprement parler une pensée unique, ordonnée selon la raison, qui assurerait une communauté d'idées ; il permet la formation d'opinions individuelles, conscientes d'elles-mêmes, dont le goût et l'habitude du débat garantissent un ordre pacifique de la diversité. Quant à la stabilité politique, comme on ne défend bien que ses propres idées, un gouvernement juste, s'il sait laisser se constituer ces opinions particulières, trouvera toujours des défenseurs[76]. Pour les libéraux, c'est donc l'accoutumance à la multiplicité des idées « se fécondant mutuellement[77] » qui constitue l'ordre public de la tolérance.

---

74. Déodat Roché, *Méthode critique et Idéal laïque*, Carcassonne, édité par l'auteur, 1922, p. 24 et 26.

75. *Cf.*, par exemple, Benjamin Constant, *De la liberté des brochures...*, *op. cit.*, p. 16.

76. *Ibid.*, p. 26.

77. Selon l'expression de Karl Popper, *Conjectures et Réfutations. La croissance du savoir scientifique* (1963), Payot, 1985, p. 513-514.

PROGRÈS

Les Lumières voient dans l'homme un être en progrès par la raison et la connaissance. Dès lors, le pouvoir n'a plus seulement pour mission de lutter contre le chaos des appétits et des vices, il doit encore favoriser l'essor de l'esprit humain « en tous les genres ». Au milieu du XVIIIe siècle, la tolérance devient un moyen d'élaboration des savoirs[78], partant un instrument de progrès et de bonheur des peuples.

Spinoza est à cet égard un précurseur. Le « progrès des sciences et des arts », dit-il, dépend de la possibilité d'une recherche qui n'ait pas à se soucier d'éventuelles représailles ; la liberté est ici essentielle. Un siècle plus tard, Naigeon, dans une traduction très libre de Crell, fait dire à ce dernier que l'intolérance « répand la terreur dans les esprits, [...] attaque la science, [...] décourage l'industrie [...], tient sans cesse la verge levée sur le génie[79] ». Toutes les idées doivent pouvoir s'exprimer, souligne Helvétius ; sans cette liberté laissée à « l'homme qui pense », la nation ne saurait « produire de grands ministres[80] ». Malesherbes invoque lui aussi l'intérêt collectif : en un temps où s'ouvrent des perspectives de connaissance dans tous les domaines, on a besoin des « lumières de tous les citoyens[81] ».

John Stuart Mill reprendra cette idée au XIXe siècle : la crainte détourne les esprits inventifs des questions qui pourraient se révéler dangereuses[82]. En restreignant la liberté de penser, c'est l'audacieux, l'inventeur, que l'on

---

78. Spinoza, *Traité des autorités...*, *op. cit.*, p. 315.
79. Crell, *De la tolérance...*, *op. cit.*, p. 166.
80. Helvétius, *De l'homme...*, *op. cit.*, p. 379.
81. Malesherbes, *Mémoire sur la liberté de la presse, op. cit.*, p. 291.
82. Mill, *De la liberté, op. cit.*, p. 74.

dissuade d'aller plus avant : « La seule source perma-
nente et intarissable de progrès est la liberté, puisque
grâce à elle il peut y avoir autant de foyers indépendants
de progrès qu'il y a d'individus. » L'« originalité perpé-
tuellement renouvelée », en révélant des vérités et en
produisant des expériences nouvelles, évite à la société
de sombrer dans l'immobilisme. Permettre à tous de
s'exprimer, éventuellement à contre-courant du sens
commun et contre toute vérité établie, c'est préserver la
contribution de ce sel de la terre : les très rares « personnes originales[83] ». « Toutes les bonnes choses [étant]
le fruit de l'originalité », tout doit être fait pour empêcher la société de se complaire dans l'opinion commune,
de rejeter tout ce qui ne correspond pas à ses mœurs.
Mill perçoit que l'hégémonie de l'opinion publique est
ici tout aussi nocive que la tyrannie des pouvoirs[84].
L'opinion publique ayant tendance à tout aplanir, à rejeter tout ce qui sort de la norme, la tolérance des idées
– de toutes les idées – doit être une règle absolue, de
même que la liberté d'enseignement, garante que tous
les hommes ne seront pas « mis dans le même moule[85] ».
Sur un mode mineur, le raisonnement est le même chez
un Boudeville défendant la liberté d'opinion en 1912 : le
« principe de tout progrès » réside dans la pensée de
l'individu, et la société ne saurait se priver de la « collaboration de toutes les intelligences[86] », dans leur plus
grande « diversité d'aptitudes ».

Point n'est besoin de croire à l'existence d'objectifs
communs. Quand bien même, comme le pense Friedrich von Hayek – une des grandes figures du libéra-

83. *Ibid.*, p. 118, 119, 120, 127.
84. *Ibid.*, p. 32.
85. *Ibid.*, p. 176.
86. Boudeville, *La Liberté d'opinion, op. cit.*, p. 11 et 12.

lisme contemporain –, le seul idéal partagé serait la liberté offerte à chacun de parvenir à ses propres fins, la tolérance des idées s'impose, pour que chacun puisse profiter des connaissances des autres dans sa quête personnelle. Les connaissances que l'on dit communes ne sont en effet rassemblées nulle part. C'est la libre circulation de toutes les idées qui donne corps à ce patrimoine commun éparpillé ; c'est elle, en outre, qui permet à chaque homme de progresser vers ses propres objectifs. « C'est parce que nous ne savons pas comment les individus useront de leur liberté qu'il est si important qu'ils l'aient [...]. La liberté ainsi conçue, nous ne pouvons la garantir à la personne inconnue en question qu'en la donnant à toutes[87]. »

Cette tolérance ne se limite plus à la liberté d'expression que demandaient les hommes des Lumières. D'Alembert, il est vrai, évoquait déjà la liberté de penser et d'agir comme étant seule « capable de grandes choses[88] ». Avec l'essor des sciences expérimentales, la liberté d'action devient un élément essentiel dans la constitution de ces savoirs communs. Hayek tire en quelque sorte les leçons de la dialectique expérimentale chère à Claude Bernard : les idées nouvelles, remarque-t-il, naissent de l'interaction entre les pensées rationnelles et l'action. « La liberté d'action, même dans les domaines prosaïques, est aussi précieuse que la liberté de penser[89]. » Il faut donc laisser à l'individu la possibilité d'appliquer ses idées, pour autant que cette expérimentation ne dépasse pas la très classique frontière de l'intérêt d'autrui.

---

87. Friedrich von Hayek, *La Constitution de la liberté* (1959), Litec, 1994, p. 26, 31-32.

88. Cité par Jules Simon, *La Liberté de conscience*, Hachette (6ᵉ éd.), 1883, p. XXVIII et 412.

89. Hayek, *La Constitution de la liberté, op. cit.*, p. 35.

De Spinoza à Hayek, en passant par les philosophes des Lumières et John Stuart Mill, se déploie ainsi une conception instrumentale de la liberté ; celle-ci, au moins le temps de la démonstration à l'usage du politique, est donnée non pas comme une valeur en soi, mais comme un moyen de progrès, qui peut être collectif ou individuel. De l'avis de Condorcet comme de John Stuart Mill, tant que les hommes ne sont pas capables de tirer profit du dialogue, donc de la liberté d'expression, « il n'y a rien d'autre pour [eux] que l'obéissance aveugle[90] ». La pertinence de la tolérance dépend du niveau de raison des peuples, et seule la fermeté peut s'appliquer aux « primitifs » qui ne sauraient faire bon usage de la liberté.

Pour Hayek, cependant, la seule fin de la tolérance est d'offrir à chaque individu le choix de ses propres objectifs. L'économiste défend ici un principe d'indétermination, la possibilité d'agir sans avoir à justifier la cause ou le but de son acte, mais seulement ses conséquences sur la liberté d'autrui. Or la liberté de tous est garante de la mienne, se dit le tolérant selon Hayek. La liberté des autres joueurs relance la chance de chacun de parvenir à ses buts personnels[91]. Les dés doivent pouvoir rouler à nouveau, car ils rouleront à mon avantage. Tel est l'ultime avatar de la tolérance au nom de l'intérêt de tous, de l'intérêt de chacun isolé dans ses propres fins.

---

90. Mill, *De la liberté, op. cit.*, p. 41.
91. Hayek, *La Constitution de la liberté, op. cit.*, p. 30.

3

Pour le triomphe de la vérité

« L'âme peut se passer de toutes choses, sauf de la Parole de Dieu [...] ; faute de la Parole de Dieu, rien ne peut l'aider à subsister[1]. » Les pouvoirs terrestres doivent tout mettre en œuvre pour faire triompher la seule Parole, pour réduire au silence celui dont ils estiment qu'il parle hors de la Sainte Écriture, pour forcer le peuple à entendre la vérité ; s'ils peuvent être dissuadés d'exercer la violence, c'est seulement lorsque celle-ci apparaît comme un obstacle au triomphe de la vraie foi. En cela au moins, la position de Luther reflète celle de l'ensemble de la chrétienté.

Que la vérité conduise au bonheur celui qui ne se préoccupe que du bien terrestre, on n'en doute pas non plus. C'est d'ailleurs – Rousseau nous le fait savoir – ce à quoi on la reconnaît : pour Helvétius, les ennemis de la vérité sont « les ennemis même du bien public[2] » et c'est pourquoi le prince la doit aux nations.

La terreur se décrète donc aussi bien au nom d'une vérité mystique qu'au nom d'une vérité « terre à terre ». La tolérance fait de même. Cette « accommodation

---

1. Luther, *La Liberté du chrétien, op. cit.*, p. 208.
2. Helvétius, *De l'homme..., op. cit.*, p. 795-796 et p. 797-798.

volontaire de la sévérité » en vue de la vérité[3], cette « condescendance » *(sygkatabasis)* suppose sans doute que la vérité ne soit pas perçue comme immédiatement accessible, révélée une fois pour toutes, mais comme l'aboutissement d'un progrès de l'esprit humain dans son histoire individuelle et collective.

Cette idée, qui triomphe au siècle des Lumières, s'affirme très tôt, notamment au travers de la réflexion sur les oppositions entre Ancien et Nouveau Testament. L'un et l'autre sont la manifestation d'une vérité unique, bien que l'un consacre une loi souvent cruelle, alors que l'autre instaure celle de l'amour. Cette contradiction apparente suggère une progression dans le dévoilement divin : « Il y a une éducation divine du genre humain, qui passe par plusieurs phases correspondant au développement naturel de l'élève[4] », écrit Castellion dans ses *Dialogues*. L'Ancien Testament correspond à l'âge de la Loi ; Dieu ne demande alors, comme « un père à un jeune enfant, rien que de simple, que d'élémentaire ». L'âge du Fils « instruit l'adolescent par l'Évangile, l'âge de l'Esprit [...] dirige l'homme adulte par sa parfaite inspiration ». C'est le même Esprit de Dieu, s'adaptant aux stades de développement spirituel de l'humanité, qui se manifeste dans la Loi, l'Évangile et l'Esprit saint. Selon Bayle – proche ici de Spinoza –, l'Ancien Testament, par ses commandements concrets, s'adresse à l'enfance de l'humanité, alors que l'Évangile est destiné à des hommes de raison[5]. L'Incarnation du Christ est la manifestation suprême de cette patience infinie qui se rit des siècles.

---

3. Anastase le Sinaïte, *PG*, Migne, t. 89, p. 77.

4. Cité par Buisson, *Sébastien Castellion, sa vie, son œuvre*, II, p. 193-194.

5. *Cf.* Jürgen von Stackelberg, « La réaction des "philosophes" à la révocation de l'édit de Nantes », *Francia*, 1986, t. 14, p. 231.

Alliance, connivence du pédagogue avec le temps qui doit faire son œuvre en la raison humaine[6] : telle est la tolérance pour Érasme, Castellion ou Crell. De même pour les artisans du deuxième concile du Vatican au début des années 1960 : l'accès à la vérité appelle « la communication et le dialogue, [...] demande du temps et beaucoup de temps[7] ». Le tolérant est un prosélyte patient qui entend, par sa patience même, faire triompher la vérité.

Ceux qui se soucient du bien public voient aussi dans la tolérance un moyen de vérité. Ainsi, pour Morellet, le bonheur des peuples croît en raison exacte de leur progression vers ces principes vrais « qu'on doit chercher obstinément parce qu'on les découvrira un jour[8] ». L'abbé Grégoire reste lui aussi un authentique convertisseur[9]. Son attitude à l'égard des juifs est caractéristique : si l'on peut tolérer un temps leur obscurantisme, c'est avec l'espoir d'infléchir leur entendement dans le sens de la vérité[10]. Il ne s'agit pas de faire une place à leurs « sottes opinions », mais de détruire celles-ci en les confrontant aux nécessités vitales, aux hommes et aux idées, confrontation qui jugera *per ignem* de leur justesse. Les juifs doivent guérir de leurs préjugés, se rendre à « nos » idées, « adopter notre manière de penser et d'agir, nos lois, nos usages et nos mœurs[11] ».

Pour Grégoire comme pour Rousseau, il s'agit non pas d'accepter les différences, mais de les anéantir, à

6. *Cf.*, par exemple, Crell, *De la tolérance dans la religion, op. cit.*, p. 71.

7. André Thiry (s.j.), *Liberté religieuse et Liberté chrétienne*, Desclée de Brouwer, 1966, p. 46.

8. Morellet, *Réflexions sur les avantages..., op. cit.*, p. 21.

9. Grégoire, *Essai sur la régénération..., op. cit.*, p. 173.

10. *Ibid.*, p. 175.

11. *Ibid.*, p. 138.

terme, au profit d'une vérité qui, pour être « socialement utile », en est d'autant plus impérieuse. Aujourd'hui encore, en dépit d'une tolérance en apparence nourrie de relativisme, nombre de voix rappellent que si la liberté de parole s'impose, ce n'est pas que toutes affirmations se valent, que tout est indéterminé ou que la vérité est multiple, mais qu'il existe une vérité à découvrir. Pour Marcuse, « le *télos* de la tolérance est la vérité[12] ». « Toute vraie conception de la tolérance qui se veut scientifique, écrit Barrington Moore, recherche l'amélioration et le développement des moyens servant à éprouver la véracité d'une idée[13]. » La tolérance ne peut donc être acceptée que comme une étape conduisant à la vérité[14] : là est son « seul point de référence et d'amarrage[15] ».

LA CONTRAINTE DESSERT LA VÉRITÉ

« Les forces humaines ne peuvent rien sur l'âme »

Peut-on priver une conscience de sa liberté, commander à ce qui par définition est libre ? se demande Crell[16]. Être tolérant, c'est d'abord s'abstenir d'agir sur les esprits, parce qu'on ne peut espérer les contraindre. On supporte la débauche, l'envie, la cupidité, l'ivrognerie, parce qu'on ne peut les supprimer, remarque Spinoza ; l'exercice du jugement en l'homme, lui non plus, « ne se

---

12. Marcuse, « La tolérance répressive », *op. cit.*, p. 21-22.
13. Barrington Moore, « La tolérance et la science », in *Critique de la tolérance pure, op. cit.*, p. 59-85.
14. Sahel, *La Tolérance...*, *op. cit.*, p. 14.
15. Casamayor, *La Tolérance*, Gallimard, 1975, p. 192-193.
16. Crell, *De la tolérance dans la religion..., op. cit.*, p. 137.

laisse pas contrecarrer[17] ». De même, affirme Locke, si
« aucun homme ne doit être contraint de renoncer à son
opinion, ou de consentir à une opinion contraire », c'est
qu'il est vain de prétendre « changer les esprits des
hommes[18] ». « Nulle puissance humaine ne peut forcer
le retranchement impénétrable de la liberté du
cœur[19] », constatent Fénelon et Turgot. Il est inepte
d'affirmer que les consciences doivent être libres ; elles
sont libres. Aussi les proclamations solennelles de la
liberté de conscience, par l'Assemblée constituante
puis par la Convention, font-elles rire l'abbé Morellet :
« Jamais la Convention n'étendra son pouvoir sur les
consciences » ; « langage à la fois emphatique et niais,
ironise-t-il, la Convention ne fera pas ce que ne peut
faire aucune puissance humaine, pas même celle des
bourreaux[20] ». L'idée est reprise en 1901 : « Vous pouvez bien verser du plomb fondu dans l'oreille de vos
adversaires, vous ne saurez verser matériellement une
idée dans leur esprit[21]. »

Seule la libre adhésion de la pensée permet de faire
partager la vérité. La contrainte est ici disqualifiée, non
pas tant par déférence envers la liberté de l'esprit qu'en
raison de son inefficacité. Mais elle est justifiée quand la
force peut s'exercer utilement. Ainsi les courants de
Réforme, tout en insistant sur le fait que la conscience
est inaccessible par la contrainte, recommandent-ils au
prince d'obliger physiquement les peuples à entendre la
Parole de Dieu. Puisque la contrainte est efficace contre
les corps, on contraindra ceux-ci en vue de la vérité. De
même, si l'Assemblée constituante, le 28 janvier 1790,

---

17. Spinoza, *Traité des autorités...*, *op. cit.*, p. 315.
18. Locke, *Essai sur la tolérance*, *op. cit.*, p. 113.
19. Cité par Turgot, *Le Conciliateur...*, *op. cit.*, p. 387.
20. Morellet, *La Liberté de la presse...*, *op. cit.*, p. 7-8.
21. Ballaguy *et al.*, *Conférences populaires*, *op. cit.*, p. 51.

proclame la liberté de conscience sous les ricanements de Morellet, six mois plus tard, devenue Assemblée nationale, elle vote la Constitution civile du clergé, affirmant ainsi son contrôle sur toutes les manifestations extérieures de la religion.

Dans son projet de faire accéder les juifs aux « lumières », l'abbé Grégoire ne suit pas une démarche différente. Lorsque, reprenant une formule consacrée, il indique à son tour que « les forces humaines ne peuvent rien sur l'âme », il se réfère à la contrainte directement appliquée aux esprits. Mais il n'abandonne pas toute coercition, et la fait porter là où elle est efficace, c'est-à-dire sur les comportements, sur les habitudes. Ainsi obligera-t-on les juifs non pas à penser telle ou telle chose, mais à les *faire*. Grégoire n'hésite pas à parler de « gêner », de « forcer », de « soumettre », de « s'opposer[22] ». Imagine-t-il qu'on lui fasse une objection sur la légitimité d'une telle attitude, il rappelle aussitôt que la vérité oblige. Au nom du progrès de la raison, la République doit renoncer à la contrainte inefficace, mais non pas à celle qui porte des fruits. « Je pencherais à croire que [...] soumettre [les juifs] à l'audition de quelques discours, ce n'est pas contrarier les droits de l'humanité ; ou prouvez-moi que l'État ne peut obliger ses sujets à l'acquisition des lumières[23]. »

Pour cet utilitariste de la tolérance, la contrainte sur l'esprit est à proscrire parce qu'elle est perçue comme telle et donc inefficace. Mais le pouvoir ne doit pas renoncer à atteindre les consciences par l'éducation qui, en ne contraignant que les corps, peut diriger les esprits en leur laissant le sentiment de la liberté. L'homme étant

---

22. Grégoire, *Essai sur la régénération...*, *op. cit.*, p. 171.
23. *Ibid.*, p. 149.

« en grande partie le résultat des circonstances[24] », l'édu-cation participe de l'art de créer celles qui sont propres à mettre les opinions à l'unisson. C'est elle, selon le maître Rousseau, « qui doit donner aux âmes la force nationale, et diriger tellement leurs opinions et leurs goûts, qu'elles soient patriotes par inclination, par passion, par néces-sité[25] », qui leur apprend « à ne vouloir jamais que ce que veut la société[26] ».

De même, l'abbé Grégoire veut-il bel et bien « recti-fier [les] cœurs », en « rectifiant l'éducation ». La liberté que dispense la tolérance n'a pas ici de valeur en soi. Ce qu'il entend préserver, c'est le sentiment de la liberté de conscience, condition *sine qua non* de l'adhésion des esprits. Pour le reste, la coercition, dès lors qu'elle est légitime, doit être organisée, raisonnée. Elle portera sur les mœurs : obligation est faite aux juifs de ne pas exer-cer certains métiers, d'en pratiquer d'autres qui forment l'âme ; de respecter des quotas d'habitation afin qu'ils se fondent dans la population ; de construire eux-mêmes leur maison, de fabriquer eux-mêmes leurs vêtements, de se faire instruire. On soustraira les enfants aux doc-teurs des synagogues en les obligeant à fréquenter les écoles : « Emparons-nous de la génération qui vient de naître [ô Saint-Just !]. » Moyennant quoi, on n'obligera pas les juifs à penser contre leur conscience. Dès l'ins-tant que les mentalités ne seront pas directement et manifestement contraintes, elles suivront. L'essentiel est que les intéressés « ne crient pas à l'intolérance[27] ».

---

24. *Ibid.*, p. 118.
25. Rousseau, *Considérations sur le gouvernement de Pologne et sur sa réformation projetée, op. cit.*, t. III, p. 966.
26. Rousseau, *Discours sur l'économie politique, op. cit.*, t. III, p. 260-261.
27. Grégoire, *Essai sur la régénération..., op. cit.*, p. 122, 144-149, 157-158.

Vigoureuse tolérance, patiente intolérance ! Dans le sillage de Rousseau, Grégoire affirme qu'il est possible de faire penser à un homme ce que l'on veut qu'il pense. Par-delà les grands mots, Helvétius n'était pas dupe : « Les hommes finissent par croire les opinions qu'on les force à publier. Ce que ne peut le raisonnement, la force l'exécute[28]. » La leçon ne sera pas oubliée. Pour le meilleur et pour le pire : pour l'école de Jules Ferry comme pour le camp de rééducation et l'endoctrinement massif. Nous savons aujourd'hui, remarque Polin, que « la propagande est efficace et capable de se rendre maîtresse du for intérieur[29] ». La grossière contrainte, qui fait violence à notre conscience de la liberté, apparaît dès lors très obsolète ; une des raisons de notre tolérance n'est-elle pas que nous pensons disposer de moyens plus efficaces pour convaincre de la vérité ?

« La contrainte jette le trouble dans les esprits »

La violence n'est pas seulement vaine ; elle nuit à la cause de la vérité. C'est à la lumière de ce constat qu'Érasme, More, Castellion ou les « politiques » du XVIᵉ siècle semblent tolérer l'erreur.

Nous avons déjà évoqué ce raisonnement sous l'angle du salut : le désordre et le chaos, la peur et l'instinct de conservation obscurcissent l'entendement des hommes et font sombrer leur très fragile souci de vérité. D'Érasme au siècle des Lumières s'exprime ainsi la conviction que rechercher la paix, ce n'est pas abandonner la quête de la vérité, mais au contraire, par l'apaisement des âmes, permettre qu'elle surgisse. C'est parce que l'absence de paix encourage l'erreur que l'Utopus

28. Helvétius, *De l'homme...*, *op. cit.*, p. 377.
29. Polin, *La Liberté de notre temps*, *op. cit.*, p. 135.

de Thomas More veut pacifier son royaume : « Quand [...] la controverse se fait violente et agressive, comme les moins bons sont aussi les plus obstinés, la religion la meilleure et la plus sainte peut fort bien se trouver étouffée par des superstitions qui rivalisent d'absurdité, comme du bon grain parmi les ronces et les broussailles[30]. » Si Justus Menius, le réformateur de Thuringe, insiste en 1538 sur la nécessité du maintien de l'ordre, c'est parce que la violence ne conduit pas à la vérité, mais au blasphème et à la haine du prochain ; le diable, écrit-il, est tout à la fois « menteur et meurtrier[31] ».

Dès lors qu'il y a contrainte ou discrimination, la vérité pèse bien peu dans l'esprit des hommes, parce qu'elle est concurrencée par l'intérêt. Il n'est pas certain, en effet, que les hommes se portent spontanément vers le vrai. Quand la vérité est associée au bien-être, il n'est pas facile de la distinguer de l'erreur. Basnage de Beauval émet des doutes sur la nature de l'attachement des catholiques à leur religion, religion du plus fort, du plus riche, du plus heureux, qui est avant tout garante de tranquillité et de bonheur[32]. Si Turgot, au siècle suivant, est convaincu que les hommes peuvent juger de la vérité, il affirme qu'ils n'en seront pas capables tant qu'on « opposera dans leurs âmes à l'empire de la vérité les intérêts les plus puissants, l'espérance de la fortune, la crainte de perdre leurs biens, leur honneur, leur vie[33] ». De ce point de vue, l'intolérance manque son but – pour autant qu'elle cherche de bonne foi à faire triom-

---

30. In Bayle, *Commentaire philosophique...*, *op. cit.*, dossier, p. 378.

31. Justus Menius, *Wie ein iglicher Christ gegen allerley lere gut und böse, nach Gottes Befehl, sich gebürlich halten sol*, Wittenberg, 1538, D_4 v°.

32. Basnage de Beauval, *Tolérance des religions*, *op. cit.*, p. 14-15.

33. Turgot, *Seconde lettre...*, *op. cit.*, p. 363.

pher la vérité –, puisqu'elle ne rend pas plus clairvoyant celui qu'elle persécute. « Plaisante manière – renchérit l'abbé Yvon – de me faire connaître la vérité que de me la montrer dans un télescope taillé par la main des passions. Pour balancer les raisons de part et d'autre, et les envisager en elles-mêmes, j'ai besoin du silence de mes passions et des lumières paisibles de ma raison[34]. » Aussi doit-on placer la séduction sur le même plan que la contrainte[35]. C'est aveugler l'esprit des hommes que de leur faire miroiter les conséquences heureuses de leur adhésion à tel ou tel parti.

Pour autant, la tolérance est-elle aussi présentée par ses défenseurs comme un authentique moyen de séduction. Dans la mesure où elle offre la paix, elle sert la vérité de ceux qui la pratiquent puisqu'ils s'efforcent de la rendre aimable[36]. Condorcet soutient que les promoteurs de vérité doivent se faire aimer pour faire reconnaître la vérité qu'ils détiennent[37], et que cela ne passe pas par les mauvais procédés. Grégoire entend lui aussi rendre la vérité aimable aux juifs en la faisant coïncider avec leur confort et leur satisfaction. Sa volonté de conversion s'embarrasse peu de la qualité des moyens, si ce n'est de leur efficacité. Le futur évêque de Blois, qui ne pense pas que la vraie vie se réduit à la faveur, à la considération et à l'intérêt, y voit avant tout des « appâts ». Il s'agit d'utiliser la « pente », de séduire par la perspective d'agréments ou d'apaisement des souffrances. Les juifs devront être mis en situation d'avoir à « lutter constamment contre l'instruction, l'évidence, l'autorité, le plaisir, l'exemple, le ridicule et la nécessité,

---

34. Yvon, *Liberté de conscience...*, *op. cit.*, t. 2, p. 44.
35. La Broue, *L'Esprit de Jésus-Christ...*, *op. cit.*, p. 41 et 43.
36. Crell, *De la tolérance dans la religion...*, *op. cit.*, p. 70.
37. Condorcet, *La Tolérance aux pieds du trône*, Londres, 1779, p. 164.

pour conserver des opinions absurdes, des habitudes hétérogènes[38] ». Dans ce programme, c'est la « raison » qui l'emporte, affirme-t-il, tout comme lorsque le torturé se montre « raisonnable » en se soumettant à une vérité qui se confond avec son intérêt, parce que sa soumission mettra fin à ses tourments. On pourrait susurrer à un Grégoire ce que l'abbé Yvon objectait aux persécuteurs : « On veut donc [...] que la raison n'agisse pas seule. On veut que l'intérêt temporel se joigne à elle[39]. » La position de Grégoire n'est en effet guère différente de celle d'un Caveyrac, grand défenseur de l'intolérance civile, qui refuse de s'arrêter à l'argument selon lequel on ne saurait séduire les consciences : il est possible d'« attirer les errants [...] ou par l'espérance, ou par la crainte[40] ».

Sans doute forçons-nous le trait : Grégoire évoque une population mise à l'écart de tous les agréments. Ce qu'il se propose, c'est de lui faire partager le bien-être de tous et, ainsi, de la convertir à la vérité. Si la vérité est ici autorisée à se faire aimer sous l'aspect des agréments qu'elle procure, c'est que, pour ce disciple de Jean-Jacques, l'utile conduit très sûrement au vrai ; mieux, l'un et l'autre se confondent au point qu'on ne peut dire qu'il y a tromperie séductrice. Grégoire veut présenter la vérité sous son jour véritable, c'est-à-dire sous l'apparence nue de ses aimables fruits. La vérité, lorsqu'elle entend séduire, n'use que de son charme naturel.

Au contraire, l'erreur a partie liée avec les tourments. Cette certitude console Luther[41] de ses tribulations : dès

---

38. Grégoire, *Essai sur la régénération...*, *op. cit.*, p. 172 et 174.
39. Yvon, *Liberté de conscience...*, *op. cit.*, t. II, p. 44.
40. Caveyrac (pour les uns, l'abbé de Malvaux pour les autres), *L'Accord de la religion et de l'humanité sur l'intolérance*, s.l., 1762, p. 90.
41. « Je ne suis pas effrayé, parce qu'un grand nombre de puissants me persécutent et me haïssent. Je me console plutôt et me for-

l'instant qu'un homme est persécuté (le défaut dans le syllogisme n'y fait rien), il passe pour être dans la vérité. Érasme constate en 1524 : « À Bruxelles, on a brûlé deux coupables, et voilà que la ville a commencé aussitôt à se montrer favorable à Luther[42]. »

L'intolérance confère à celui qui se trompe la couronne du martyre promise aux seuls propagateurs du Dieu véritable, car la plupart des hommes, à l'instar de Pascal, ont plutôt tendance à croire les témoins qui se font égorger. Lorsque, de surcroît, la persécution s'exerce sur des fourvoyés vertueux, le persécuteur fait plus sûrement encore haïr la vérité et estimer l'erreur, en prenant le risque, souligne Basnage de Beauval, de faire passer l'une pour l'autre[43]. Pour être efficace, l'intolérance ne peut-elle être effroyable et tuer tous les hérétiques, comme le pensait Voltaire[44] ? Cela aussi est peine perdue : c'est la mort des dissidents qui, le plus sûrement, essaime leur pensée sur de nouvelles terres. En sévissant contre les assemblées protestantes, on donne à leurs fidèles l'auréole du martyre, remarquera Condorcet ; qu'on les autorise, elles ne seront plus que ridicules[45].

---

tifie puisque, selon toutes les Écritures, les persécuteurs et ceux qui haïssent ont toujours eu tort et les persécutés, raison. La majorité soutient toujours le mensonge et la minorité, la vérité. » *Grund und Ursach aller Artikel D. Martin Luther, so durch römische Bulle unrechtlich verdammet sind* (1521), in *Werke*, t. VII, p. 317, cité par Lecler, *Histoire...*, *op. cit.*, t. 1, p. 166.

42. Érasme, lettre au duc Georges de Saxe du 12 décembre 1524, in *O.E.*, t. V, p. 604-606, cité par Lecler, *Histoire...*, *op. cit.*, t. 1, p. 136.

43. La Broue, *L'Esprit de Jésus-Christ...*, *op. cit.*, p. 45.

44. Voltaire, *Traité de la tolérance*, *op. cit.*, p. 117 : « S'il faut tuer un hérétique [...], il est évident qu'il faut les tuer tous. »

45. Condorcet, *La Tolérance aux pieds du trône*, *op. cit.*, p. 176.

Quant à la censure de l'écrit, le XVIIIe siècle découvre, par exemple avec *Le Mariage de Figaro*, les formidables succès d'édition dont elle peut être la cause[46]. La leçon est toujours valable : en mai 1996, lorsque Roger Garaudy, en application de la loi Gayssot, est traduit en justice pour délit de négationnisme, des voix s'élèvent pour faire remarquer qu'une telle façon de faire va à l'encontre de la cause de la vérité : elle « permet aux négationnistes de se présenter comme des martyrs, ou tout au moins comme des persécutés[47] ».

Non seulement l'erreur risque de passer pour vérité lorsqu'elle est réprimée, mais la vérité risque aussi de passer pour erreur lorsqu'on persécute en son nom[48]. Tout comme le Dieu vrai est un dieu de paix, paix et vérité ne font qu'un. L'intolérant est cet homme à la persuasion laborieuse, dont le défaut d'aisance traduit qu'il a été déserté par la vérité. Le bon pasteur entre par la porte, dit Basnage de Beauval ; ainsi en va-t-il de la vérité. Force-t-elle la fenêtre, elle est prise pour erreur[49]. Qui use de contrainte avoue par là même que la cause qu'il défend a besoin de la force pour s'imposer ; il « détruit par la violence la séduction du vrai[50] ». On retrouve ici un vieux lieu commun : l'intolérance rabaisse le christianisme au rang du mahométanisme, « cette imposture [qui] n'a de force que celle qu'elle emprunte des armes[51] », selon l'abbé Yvon.

---

46. Minois, *Censure et Culture...*, op. cit., p. 271-272.
47. « Contre la loi Gayssot », par Madeleine Rebérioux, présidente d'honneur de la Ligue des droits de l'homme, *Le Monde*, 21 mai 1996.
48. La Broue, *L'Esprit de Jésus-Christ...*, op. cit., p. 45.
49. Basnage de Beauval, *Tolérance des religions*, op. cit., p. 53.
50. Turgot, *Seconde lettre...*, op. cit., p. 361.
51. Yvon, *Liberté de conscience...*, op. cit., t. II, p. 177.

Intolérance et fausseté vont de pair, tout comme tolérance et vérité. Rousseau l'écrit à Mgr de Beaumont : la violence est l'instrument de l'erreur puisque le seul moyen qu'elle a de l'emporter est de terroriser, de paralyser en l'homme ce par quoi il distingue le vrai du faux – la raison. « Moins un culte est raisonnable, plus on cherche à l'établir par la force[52]. » En usant de cette arme, on affuble la vérité des oripeaux de l'erreur. Employer des moyens de coercition est le signe que l'on n'est pas assuré de ce que l'on soutient[53].

LA VÉRITÉ DOIT COMBATTRE AVEC SES PROPRES ARMES

« Qui peut douter de la force éternelle
et invincible de la vérité ? »

Ce thème prolonge, à l'évidence, celui de la puissance divine : Dieu n'a que faire de l'intervention des hommes pour manifester sa vérité quand et comme bon lui semble. Les défenseurs de la tolérance en matière de religion reprennent l'argument de Gamaliel qui donne ce conseil au Sanhédrin, à propos de la prédication des Apôtres : « Ne vous occupez plus de ces gens-là et laissez-les tranquilles. Si ce dessein ou cet ouvrage vient des hommes, il tombera de lui-même ; mais s'il vient de Dieu, vous ne sauriez en avoir raison et vous risqueriez de combattre Dieu[54]. »

---

52. Rousseau, *Lettre à Christophe de Beaumont...*, *op. cit.*, p. 971.
53. *Cf.*, à trois cent soixante ans de distance, le *Discours contenant le vray entendement...*, 1579, *op. cit.*, p. 68, et Abauzit, *Le Problème de la tolérance*, 1939, *op. cit.*, p. 136 et 247.
54. Ac 5, 38-39.

Folle présomption ! En réponse aux « conseils sanguinaires et envenimés » de Philippe de Marnix, un auteur
anonyme écrit vers 1598 : « Comme si Dieu avait besoin
du bras des hommes pour maintenir sa gloire [...]. Ce
qui est invincible et éternel n'a que faire de la protection
humaine. C'est élever le valet par-dessus le maître, la
créature au-dessus du créateur, quand on veut recom-
mander à un pauvre ver de terre la protection de l'honneur du créateur de tout l'univers[55]. » Risque fou aussi,
puisque la vérité divine, par définition, doit triompher.
Pour Bayle, c'est avoir une piètre idée de la foi que
d'estimer qu'elle ait besoin non pas même de savants et
d'hommes de bien, mais de dragons et de bourreaux[56].
Voltaire reprend cet argument : toute intervention forcée dans la défense du vrai culte est une insulte à la
gloire de Dieu. « Plus la religion est divine, moins il
appartient à l'homme de la commander ; si Dieu l'a
faite, Dieu la soutiendra sans vous[57]. »

De l'idée de la toute-puissance du Dieu de vérité, on
passe aisément à celle de la toute-puissance de la vérité.
Ce glissement est déjà perceptible chez l'Utopus de
Thomas More, même s'il s'agit ici toujours de religion :
la vérité n'a, selon lui, nul besoin d'aide pour se dégager
« d'elle-même, lumineuse et triomphante, de la nuit de
l'erreur[58] ». De la même façon, vers 1539, en pleine
répression des réformés, l'évêque de Carpentras dit
qu'il compte sur la puissance de la vérité plus que sur
celle des armes[59]. « Car après tout, s'écriera encore

---

55. *Antidote ou Contrepoison contre les conseils sanguinaires et
envenimés de Philippe de Marnix Sr de Sainte-Aldegonde,* s.l.n.d. (vers
1598), p. 9-10, cité par Lecler, *Histoire..., op. cit.,* t. 2, p. 249.
56. Bayle, *Commentaire philosophique..., op. cit.,* p. 274.
57. Voltaire, *Traité de la tolérance, op. cit.,* p. 80.
58. More, *Utopie, op. cit.,* p. 187-188.
59. Raynaldi, *Annales,* année 1539, § 34.

Aubert de Versé à la fin du XVIIᵉ siècle, nous ne pouvons rien contre la vérité, et pour peu qu'on la laisse agir librement, elle se rend toujours victorieuse et maîtresse des esprits[60]. »

La métaphore de la lumière, appliquée depuis les origines des temps à la vérité divine, est transposée à la vérité tout court : « Telle est la nature de la vérité, indique Crell au début du XVIIᵉ siècle, qu'elle s'insinue d'elle-même dans un bon esprit pourvu qu'elle lui soit sagement proposée, et qu'elle y fait de tout autres impressions que le mensonge et l'erreur. Elle brille comme le soleil d'une lumière qui lui est propre et répand un éclat qui ravit l'âme de ceux qui ne ferment pas les yeux volontairement. [...] Elle a sa lumière propre, une splendeur merveilleuse[61]. » Comme l'obscurité n'est qu'absence de lumière, l'erreur n'est qu'absence de vérité. Comme le jour dissipe la nuit, la vérité n'a qu'à paraître pour que l'erreur ne soit plus. Ainsi finit-elle toujours par triompher, soit que Dieu l'impose aux hommes par leur conscience et leur raison, soit que cette dernière, d'elle-même, la reconnaisse : « Elle éclaire lentement, mais infailliblement, les hommes[62] », nous dit Voltaire. Qui peut douter « de la force éternelle et invincible de la vérité ? Qu'a-t-elle besoin pour triompher de police [ou] de prohibition[63] ? » s'écrie Mirabeau.

John Stuart Mill perçoit le danger de cette conviction héritée d'une approche toute théologique. Aussi met-il en garde contre le « délicieux mensonge », le « vain sen-

60. Versé, *Traité de la liberté de conscience, op. cit.,* p. 149.

61. Crell, *Vindiciae pro religionis libertate,* publié par ses disciples en 1637, éd. Eleutheropolis, 1650, p. 35, cité par Lecler, *Histoire...,* *op. cit.,* t. 1, p. 395.

62. Voltaire, *Traité de la tolérance, op. cit.,* p. 56.

63. Mirabeau, *Sur la liberté de la presse, op. cit.,* p. 51-52.

timentalisme » consistant à s'imaginer que la vérité triomphe toujours. La persécution risque aussi de l'étouffer : la Réforme « éclata au moins vingt fois avant Luther, et fut réduite au silence ». La vérité n'a pas « un pouvoir inhérent, refusé à l'erreur, sur le cachot et le bûcher[64] », et une coercition correctement appliquée peut la faire taire pour des siècles, parce que les hommes, au fond d'eux-mêmes, ne tiennent pas plus à elle qu'à l'erreur.

La plupart des tenants de la tolérance ne tombent pas dans l'optimisme dénoncé par Mill. Ils constatent cependant, tels Basnage ou Turgot, que la vérité a cet attrait naturel qui la dispense de forcer les cœurs, qu'elle « commande aux esprits » par une « séduction impérieuse ». Spontanément reconnue par l'esprit humain, la vérité l'emporte nécessairement sur le faux, à condition que les forces terrestres ne viennent pas jeter l'épée dans la balance. La tolérance consiste ainsi à s'en remettre à « l'empire du vrai sur tous les esprits », en abandonnant l'erreur « à l'examen des esprits tranquilles[65] ». Malesherbes, dans son *Mémoire sur la librairie*, reconnaît qu'on ne saurait contester la nocivité sociale de certaines idées : oui, « les livres font du mal ». Mais ce mal ne peut être soigné que par la liberté, car « à la longue, le vrai prévaut[66] ». L'esprit humain s'en va naturellement vers la lumière. Cette idée est exprimée tout au long du XIXᵉ siècle, par exemple sous la plume de Pelletan ou de ce conférencier : « Si [...] votre conviction repose sur la vérité, soyez sûr que ce seul caractère suffira pour que l'esprit l'accepte ; vous n'aurez qu'à la faire toucher du

---

64. Mill, *De la liberté, op. cit.*, p. 65 et 67.
65. Turgot, *Première lettre..., op. cit.*, p. 353 et 355 ; *Seconde lettre..., op. cit.*, p. 361 et 363.
66. Malesherbes, *Mémoires sur la librairie, op. cit.*, p. 110.

doigt, à en montrer toute l'évidence, pour que l'intelligence la reconnaisse et s'y attache[67]. »

La vérité est, certes, toujours fragile, sensible à la moindre contrainte, au moindre intérêt, à la moindre intimidation. Aussi faut-il créer les conditions pour qu'erreur et vérité se présentent nues l'une face à l'autre devant la raison humaine. La confrontation pacifique est la garantie de la victoire de la vérité.

L'écrit est à cet égard exemplaire. À l'aurore de la civilisation de l'imprimé, Luther opposait déjà la conversion par le bûcher à l'action par le livre, modèle de douceur[68], moyen de la persuasion idéal que Locke puis Rousseau appelleront de leurs vœux, observant que l'écrit est un moyen d'affirmation que nulle coercition ne vient tenter d'appuyer[69] : loin de s'imposer à l'instar de la parole publique propre au souverain, le livre laisse à tout moment le lecteur libre de s'absenter ou de le mettre en cause. Le livre qu'on prend et qu'on abandonne, qui se laisse commenter et critiquer sans répondre tout en restant à portée de main, n'est qu'instruction tolérante, travail de conviction non violent. Doté d'une formidable influence sur les masses, il est la garantie du triomphe de la vérité qui, sans coup férir, se répand dans les esprits laissés à leur seule raison[70]. Sa répression ou sa réglementation apparaît en soi comme un attentat contre la vérité, parce qu'elle s'oppose à cette confrontation pacifique dont le vrai sort nécessairement vainqueur.

---

67. Rayot, in Ballaguy *et al.*, *Conférences populaires*, *op. cit.*, p. 201.
68. Luther, *À la noblesse chrétienne...*, *op. cit.*, p. 175.
69. Rousseau, *Cinquième lettre...*, *op. cit.*, p. 782.
70. Morellet, *Réflexions sur les avantages...*, *op. cit.*, p. 8 et 18-19.

« De nos cailloux frottés il sort des étincelles »

Il faut aussi, en effet, que la vérité puisse combattre avec ses propres armes ; il faut que l'erreur l'éprouve, la mette en valeur comme blanc sur fond noir. La vérité, écrivait le mystique Sébastien Frank (1499-1542), s'en révèle « d'autant plus visible, plus pure et plus solide[71] ». Il faut, selon Luther, « laisser les esprits s'entrechoquer et se combattre[72] » par la parole. C'est pourquoi, vers 1524 – rare propos de tolérance de sa part –, il conseille aux princes de Saxe de laisser prêcher Thomas Müntzer et les anabaptistes. Parce que la vérité doit triompher avec ses propres armes, les forces matérielles ne sauraient prendre parti.

Dans ce premier emploi de la métaphore, le combat n'a pas encore le rôle d'accoucheur de la vérité ; celle-ci est révélée une fois pour toutes. Il s'agit seulement d'éprouver et de renforcer les armes rhétoriques, de maintenir la vigilance. Dans cet esprit, un Thomas More se demande si la diversité des opinions n'est pas « avantageuse à la religion ». Nicolas de Cues observe aussi, en 1565, l'émulation intellectuelle qu'elle suscite[73]. Dudith[74] ou Basnage de Beauval reprendront le même argument un siècle plus tard : si l'opposition des opinions ne gardait la raison en éveil, les penchants naturels qui poussent l'homme à l'erreur et à l'ignorance

---

71. Cité par Lecler et Valkhoff, *Les Premiers Défenseurs...*, *op. cit.*, p. 158.

72. Luther, « Lettre aux princes de Saxe, vers 1524, sur Thomas Müntzer et les anabaptistes », cité par Lecler, *Histoire...*, *op. cit.*, t. 1, p. 166.

73. Nicolas de Cues, *De pace fidei*, in *Opera omnia*, éd. de Bâle, 1565, p. 862-879.

74. Dudith, *Themistii Orationes*, XXXXXX, éd. Denys Petau, Paris, 1684, *Oratio XII*, p. 158-159.

triompheraient sans tarder de la vérité[75]. Puisque la vigilance se conserve par l'adversité, la préservation de la diversité s'impose. Confiance en l'issue du combat dès l'instant qu'il a lieu, doute aussi quant aux capacités de l'homme à garder la vérité une fois celle-ci reconnue. La placer sous la protection de la force, lui enlever l'occasion de mettre en œuvre ses moyens propres l'affaiblit irrémédiablement. Il faut donc supporter l'expression des idées adverses non pas comme un moindre mal, mais comme la garantie de la préservation de la vérité.

La métaphore de la confrontation nécessaire prend une autre dimension avec l'émergence du doute méthodique. L'humaniste Aconcio justifiait déjà la tolérance par l'idée selon laquelle la multiplicité des opinions fait surgir le doute sur ses propres opinions, suscitant ainsi la recherche de vérité : « S'il est loisible à un chacun de suivre quelle religion il voudra [...] de là s'ensuivra une grande dissimilitude d'opinions et sentences, et n'y aura celui qui n'ait en quoi contredire et répugner à soi-même. Et vu qu'il n'y a personne à qui on ne contredise, plusieurs tomberont en doute de ce qu'ils doivent croire et suivre. Celui qui est en doute et scrupule de conscience est aiguillonné d'un désir et appétit de chercher la vérité. Et quand beaucoup de gens s'adonneront à la chercher, ce sera bien merveille qu'ils ne la trouvent enfin. Et quand elle sera trouvée et que les opinions seront confrontées par une gracieuse et amiable conférence, alors la vérité viendra au-dessus, le mensonge vaincu et défait[76]. »

C'est au XVIIᵉ siècle que la tolérance commence à être vraiment présentée comme la condition de tout savoir.

---

75. Basnage de Beauval, *Tolérance des religions, op. cit.,* p. 65-67.
76. Aconcio, *Stratagemata Satanae,* cité par Lecler, *Histoire...,* *op. cit.,* p. 355, p. 215.

La mise à l'épreuve intime des certitudes, cette délibération libre avec soi-même sans autre contrainte que celle de la raison, est en quelque sorte transposée dans le libre débat d'idées, au sein de cette société tolérante de l'écrit qui se forme parmi les cercles intellectuels de la fin du XVIIᵉ siècle. Elle se concrétise au travers de la République des Lettres animée par Bayle. Bientôt se fait jour le grand argument qui s'impose à la fin du XVIIIᵉ siècle et règne tout au long du XIXᵉ : la tolérance est une des conditions du savoir, et dès lors un instrument de progrès.

Dans le travail de recherche de la vérité, avance Anthony Collins en 1714, nos pensées sont nos mains. On ne peut à la fois lier celles-ci et prétendre vouloir la vérité[77]. Laquelle ne peut éclore qu'au travers de la discussion publique des opinions[78], parce que « la tête d'un seul homme ne renferme pas toutes les idées », et que le meilleur avis est « celui qui résulte de la combinaison de tous[79] ».

Certes, les idées s'opposent. Mais dans le même temps les savoirs, en se frottant les uns aux autres, se comparent et se complètent mutuellement. Il est désormais reconnu qu'un seul individu ne peut détenir toute la science de son temps. La notion d'échange des « lumières » dans la quête de la vérité prend toute son importance. Ainsi s'impose, à côté de celle du combat intellectuel[80], la métaphore du libre commerce, dans le sens très général de « fréquentation ».

---

77. Collins, *Discours sur la liberté de penser, op. cit.*, p. 50.
78. Malesherbes, *Mémoire sur la liberté de la presse, op. cit.*, p. 225.
79. Mirabeau, *Sur la liberté de la presse, op. cit.*, p. 60.
80. *Cf.* H. Bots, « L'esprit de la République des Lettres et la tolérance dans les trois premiers périodiques savants hollandais », *Dix-septième siècle*, 1977, n° 116, p. 43-57.

« De nos cailloux frottés il sort des étincelles[81]. » Voltaire, dans ce médiocre alexandrin, suggère que la quête de vérité passe par la confrontation, mais aussi par l'association, la conversation, l'échange. Grégoire use également volontiers du terme de « commerce » ; il y voit la « multiplication des rapports[82] » qui, comme autant d'occasions de confronter et d'associer les idées, modifie celles-ci dans le sens de la raison : « Le commerce [la fréquentation d'autrui] pour l'ordinaire rectifie les idées fausses, donne des notions saines, détruit ou amortit les préjugés[83]. » Selon Morellet, la discussion fait naître des idées qui, présentant les choses sous un autre jour, corrigent et complètent l'opinion que l'on peut avoir. « On examine, on discute, on attaque, on défend, on voit naître la lumière du choc des idées et des opinions[84]. » D'où la nécessaire liberté pour les idées fausses. Il faut subir les métamorphoses de l'erreur, les accepter comme des étapes : « En général, il est nécessaire que les hommes passent par les erreurs, et par les erreurs systématiques, pour arriver à la vérité[85]. » Dès l'instant que toutes les opinions sont libres, c'est-à-dire que les vraies ont même liberté que les fausses, il ne s'agit que de « laisser agir » en l'homme sa propension naturelle à la vérité et au bonheur, qui sont un seul et même but[86]. Les opinions raisonnables et les plus éclairées l'emporteront

---

81. Cité par Grégoire, *Essai sur la régénération...*, *op. cit.*, p. 191, note 14 du chapitre X.
82. *Ibid.*, p. 127.
83. *Ibid.*, p. 161.
84. Morellet, *Réflexions sur les avantages...*, *op. cit.*, p. 25 ; voir également p. 24.
85. *Ibid.*, p. 54.
86. *Ibid.*, p. 71.

nécessairement, puisqu'on « trouvera toujours des hommes instruits pour défendre la bonne cause[87] ».

Il n'est pas jusqu'à l'Église qui ne s'incline quelque peu, au bout du compte, devant cette méthode tout humaine de quête du vrai. Sa position à l'origine peut être résumée par celle de Grégoire XVI sur la liberté de la presse, « liberté la plus funeste, liberté exécrable[88] », parce qu'elle est liberté laissée à l'erreur. De même, pour Léon XIII, s'agissant de ces vérités qui se trouvent par nature au-delà de la compréhension des hommes, la licence illimitée de parler et d'écrire conduit à « opprimer la vérité ». Mais dans l'encyclique *Libertas* (1888), il admet avec son temps qu'une certaine liberté d'expression sur les affaires humaines, ces « matières libres que Dieu a laissées aux disputes des hommes », est bel et bien un instrument de vérité[89].

Dans la seconde moitié du XIXᵉ siècle, la justification de la tolérance s'inspire de la démarche scientifique. « Les plus grands savants se contentent d'hypothèses, de suppositions toujours contestables, renouvelables, et, loin de les proscrire, on s'aperçoit que plus elles abondent, plus la science s'enrichit. » Il n'en va pas autrement en politique : « Du nombre même et du désaccord de ceux qui discutent dépend la bonté de l'œuvre législative[90]. » La méthode expérimentale joue bien sûr un rôle majeur dans cette idée que l'on retrouve dans le langage commun : d'une fausse route, d'une erreur, on dit volontiers que c'est une « expérience », l'intégrant par là même au processus d'accès à la vérité, par le seul

---

87. *Ibid.*, p. 58.
88. Grégoire XVI, *Mirari vos*, *op. cit.*, p. 12.
89. Léon XIII, *Sur la liberté humaine*, *op. cit.*, p. 20.
90. Ballaguy *et al.*, *Conférences populaires*, *op. cit.*, p. 36-37.

fait qu'elle désigne une route comme n'étant pas la bonne...

En agissant, l'homme prend des risques vis-à-vis de ses certitudes. Aussi, lui reconnaître la possibilité d'agir implique qu'on lui accorde celle de supposer la vérité. Cette latitude n'a de sens que dans la mesure où il peut remettre en cause et corriger ses certitudes. L'action raisonnable ne se conçoit pas sans la liberté de contradiction. La tolérance se présente ainsi simultanément comme liberté d'expérimenter en pensée ou en actes, et comme possibilité de corriger son action par la confrontation.

John Stuart Mill résume ces réflexions en une phrase : « Dans un état d'imperfection de l'esprit humain, les intérêts de la vérité exigent la diversité d'opinions. » Chaque individu ne détenant qu'une parcelle de la vérité, il convient d'associer les efforts de chacun pour la reconstituer, de corriger les idées les unes par les autres. Dans cette optique, empêcher une opinion de s'exprimer, c'est priver l'humanité d'une vérité si elle est vraie, d'un renforcement dans sa certitude si elle est fausse. Mill prolonge ici l'opinion des Lumières, mais il va beaucoup plus loin puisqu'il perçoit que la possibilité de contestation et de contradiction est la condition même sous laquelle la vérité peut se présenter comme la vérité[91]. Karl Popper ira jusqu'à affirmer que la vérité est ce qui se présente comme réfutable. La tolérance, acceptation de toutes les confrontations d'idées, est donc proprement constitutive de vérité.

Il faut revenir ici à la métaphore du libre marché. Si, sous la plume de Grégoire ou de Morellet, le libre marché s'entend dans le sens de rapports entre personnes, il suggère aussi, pour les contemporains, la cir-

91. Mill, *De la liberté*, op. cit., p. 49, 53, 55, 95, 99 et 101.

culation des marchandises. Bayle évoquait le marché pour illustrer un état pacifique de la diversité. Au XVIIIe siècle, avec l'essor des idées libérales, la comparaison s'élargit : ainsi, selon Naigeon, « le commerce des pensées ne doit être, sous quelque prétexte que ce soit, ni plus gêné, ni plus restreint que celui des denrées et des marchandises[92] ». On voit où ce parallèle puise sa pertinence : pour l'optimisme des Lumières, de même que le libre marché garantit le meilleur prix, la libre confrontation des arguments conduit la raison droit à la vérité. Celle-ci risque de ne passer que pour la résultante de toutes les opinions librement exprimées, de l'offre et de la demande de pensée. Dès lors, dans une société qui se perçoit comme tolérante, c'est-à-dire qui laisse s'exercer ce « libre marché des idées », l'opinion générale passe pour la vérité même, incontestable et sacrée, même si elle est changeante et rejette comme une erreur cette originalité si chère à John Stuart Mill. Voilà consacrée cette orthodoxie des opinions et des mœurs courantes qui pourtant, objecte discrètement le militant laïque Déodat Roché, « ne sont pas toujours l'expression de la vérité[93] ».

Telle est la logique d'une nouvelle intolérance qui menace la pensée : se fondant sur la conviction que toutes les opinions peuvent s'exprimer et sur l'idée foncièrement optimiste que le libre commerce est mécaniquement pourvoyeur de vérité, elle conclut à la constante justesse de l'opinion publique et à l'insanité de toute opinion minoritaire.

La réflexion sur les médias modernes contribue à nous placer face à une évidence : tout comme il n'existe pas de marché totalement libre, l'expression des idées

---

92. Cité par Morellet, *Préservatif...*, *op. cit.*, p. 27.
93. Roché, *Méthode critique...*, *op. cit.*, p. 22.

n'est jamais vraiment libérée du jeu des forces matérielles. Cette situation idéale n'est sans doute concevable
que dans une classe de philosophie[94], où les opinions
vraies – ou les plus proches de la vérité – se forment par
la libre confrontation. Alors que dans une civilisation de
l'écrit, où livres et journaux se multiplient à l'infini, il est
encore loisible de croire que toutes les idées s'expriment
librement, le règne des grands médias dégrise. Le
monde de l'échange des opinions ne peut plus passer
pour cet univers sans force où la raison aurait seule le
dernier mot. L'audiovisuel, par le fait même qu'il
s'adresse à l'émotivité plus qu'à l'entendement, suggère
que les idées ne sont pas vraiment mises en débat, mais
– les mots eux-mêmes parlent violence – assenées par
des images frappantes. À l'instar de la parole publique
de l'homme de pouvoir selon Jean-Jacques, celle des
moyens audiovisuels s'impose ; elle ne laisse plus,
comme le livre, le loisir de la critique ou de l'abandon.
La tolérance de toutes les opinions consacre le triomphe
des idées qui ont la force des moyens de diffusion pour
elles, et l'étouffement des opinions originales que la libre
expression était censée stimuler.

Aussi Herbert Marcuse instruit-il le procès d'une
« tolérance répressive » qui ne fait que mimer la libre discussion productrice de vérité telle que la décrivait John
Stuart Mill. Les processus parlementaires, la liberté de
parole utilisée par quelques grands journaux, les débats
contradictoires, la consultation multiforme de l'opinion
ne sont que les simulacres d'un « commerce » libre et
ouvert des idées. L'opinion publique est « administrée »
par des monopoles et des oligopoles allant dans le sens

---

94. Ainsi que le suggère Marcel Conche, « La tolérance française et sa signification universelle », in *Tolérance, j'écris ton nom*,
op. cit., p. 176.

des intérêts qui l'ont créée[95]. Les pouvoirs peuvent, assurément, faire preuve de tolérance infinie : ils laissent s'exprimer des opinions qu'ils ont eux-mêmes contribué à former. La liberté d'expression n'est alors plus perçue comme libre débat, mais comme reproduction et diffusion des vérités dominantes. Contre cette « abusive impartialité », Marcuse ne peut qu'appeler à un « endoctrinement contraire » au conditionnement général[96].

Le très libéral Karl Popper, quant à lui, en vient à ce constat : non, la télévision n'est pas le vaste forum, décrit par ses prédécesseurs libéraux, sur lequel s'entraident et se corrigent mutuellement les pensées des uns et des autres. Elle est un lieu de pouvoir ; dès lors, au nom même de la liberté, elle doit être soumise à des règles strictes[97].

La tolérance ne semble plus servir ici que l'opinion du plus grand nombre et la mainmise de quelques-uns sur l'opinion de tous. Une fois perçue comme cette complaisance vis-à-vis de la force – finance et populace –, déchue de sa fonction de pourvoyeuse de vérité, elle perd une justification majeure. C'est peu dire qu'à cet égard le charme est rompu.

L'idée de tolérance s'impose donc, dans une optique utilitariste au sens large, en faisant simultanément la preuve de son efficacité sur les trois fronts du salut, du bien public et du triomphe de la vérité[98]. Ces trois objectifs sont distincts, mais aussi étroitement liés. Dans la

---

95. Marcuse, *Critique de la tolérance pure*, *op. cit.*, p. 49, postscriptum 1968.

96. *Ibid.*, p. 30.

97. *Cf.* Jean Daniel, *Le Nouvel Observateur*, janvier 1997.

98. Locke observe que l'intolérance, à l'inverse, ne sert ni la vérité (partant, dans son esprit, ni le salut), ni la paix et le bien publics ; *Essai sur la tolérance*, *op. cit.*, p. 113.

mesure où la tolérance sert les uns et les autres, et les uns en servant les autres, elle ne peut qu'être préférée par tous les hommes, quelles que soient leurs fins supérieures. C'est en tant que moyen efficace sur tous ces fronts qu'elle est un impératif universel.

III

Au nom de la liberté

« Tolérance, j'écris ton nom[1] » : tel est le titre d'un ensemble de textes publiés en 1995 par l'Unesco. Cette référence explicite au poème d'Éluard sur la liberté est significative : aujourd'hui, nous associons spontanément « liberté et tolérance[2] ».

On ne saurait mieux saisir cette problématique, nouvelle en apparence, qu'en croisant le regard que porte aujourd'hui l'Église sur la notion de tolérance. À la fin du XIXe siècle, Léon XIII rappelait que celle-ci ne peut être légitime que dans la mesure où « elle accroît notre faculté pour le bien : hors de là, jamais[3] ». Avec la déclaration *Dignitatis humanae*, adoptée par le concile Vatican II en 1965, l'Église reconnaît aujourd'hui une valeur à la tolérance « au nom de la dignité de la personne humaine ». Désormais, pour le chrétien, être tolérant, c'est s'incliner devant la « part libre » qui est en chaque homme – sa substance même, selon saint

---

1. *Tolérance, j'écris ton nom*, ouvrage collectif, Unesco, éd. Saurat, Paris, 1995.
2. Jean-Marie Paul, « La vérité est-elle tolérante ? », in *Jusqu'où tolérer ?*, Le Monde-Éditions, 1996, p. 122.
3. Léon XIII, *Libertas...*, *op. cit.*, p. 30.

Bernard. L'homme est à l'image et à la ressemblance de Dieu[4], capable à son instar de mouvoir sa volonté sans cause ni fin prédictée. Là est sa dignité[5], en cela il est une « personne ». La tolérance n'est plus seulement ici obéissance à un commandement ou calcul utilitariste, elle est aussi cette attitude de respect à l'égard de la personne remise « aux mains de son propre conseil » (Si 15, 14)[6].

Jeanne Hersch écrit : « Les droits de l'homme, et par conséquent la tolérance, s'enracinent dans la liberté qui est en tout homme et qui fait qu'il est un homme. Cette liberté est quelque chose dont nous mesurons mal le caractère extraordinaire, au sens étymologique du mot. Dans le monde où nous vivons, les choses se passent soit parce qu'une loi physique les impose [...] soit, dans le monde vivant, dans ce qu'on appelle la "nature", par les conflits de la force entre les diverses espèces [...]. Le plus fort mange le plus faible. Le monde humain est de ce point de vue un monde exceptionnel, parce qu'il n'est commandé exclusivement ni par les lois physiques de causalité, ni par le règne du plus fort [...] en principe, chaque personne humaine peut décider ce qu'elle va faire[7]. »

En principe... De cette attitude de respect – qui consiste à présumer qu'il y a une part de liberté en l'homme – procède, selon Paul Ricœur, le « motif positif » de la tolérance. Nous voilà appelés à parier sur la liberté humaine sans laquelle toute certitude et toute action ne sont que le résultat d'un déterminisme néces-

---

4. Saint Bernard, *Œuvres*, *op. cit.*, p. 268 et 284.
5. Léon XIII, *Libertas...*, *op. cit.*, p. 1.
6. *Cf.* Thiry, *Liberté religieuse et liberté chrétienne*, *op. cit.*, p. 41.
7. Jeanne Hersch, « Tolérance et vérité », in *La Tolérance au risque de l'histoire, de Voltaire à nos jours*, sous la direction de Michel Cornaton, Aléas, 1995, p. 235-242.

sairement dévalorisant. S'il faut ici être tolérant, c'est que la liberté existe[8], ne serait-ce qu'en un lieu très profond, très impalpable de l'humain.

Terrible mot que celui de liberté, notait Paul Valéry : il a fait tous les métiers au point d'être devenu inutilisable. Sa carrière chez les avocats de la tolérance paraît aisée à suivre : elle prend naissance avec l'idée de liberté de conscience, expression que l'on trouve chez Luther à partir de 1520 et dans le langage de l'administration à partir de 1562-1563[9]. En 1586, Bertin, opposé à ladite liberté de conscience, résumait les arguments de ses défenseurs en ces termes : « Dieu a créé les volontés et consciences des hommes libres, et partant [...] c'est chose inique et cruelle de les vouloir forcer[10]. »

L'homme est libre de penser, pour le meilleur et pour le pire, affirment Spinoza et Locke. Cette liberté est un « droit de nature », puisque c'est ce libre jugement qui le fait homme. Il a « un droit souverain de penser librement ». Nul ne saurait abandonner sa liberté « au point de cesser d'être un homme[11] ». Pour Locke, la nature libre de l'homme justifie la tolérance partout où il ne saurait avoir renoncé à sa liberté. Cet argument est repris tout au long du XVIIIᵉ siècle : on doit être tolérant, dit Turgot, parce que « tout homme est né libre[12] ».

Mais, chez ceux-là mêmes que nous venons de citer, la liberté légitime d'abord la contrainte. Pour Spinoza,

8. Ricœur, « Tolérance, intolérance... », *op. cit.*, p. 445.
9. Dans le commentaire de l'édit de janvier 1562, donné par les ministres, et dans l'édit d'Amboise du 19 mars 1563.
10. Bertin, *Traité de la liberté de conscience, op. cit.*, p. 4.
11. Spinoza, *Traité des autorités..., op. cit.*, p. 146, 254 et 311.
12. Turgot, *Seconde lettre..., op. cit.*, p. 384-385.

seules l'obéissance à la puissance souveraine et la
rigueur de celle-ci contre tout fauteur de troubles per-
mettent de préserver la liberté : « Le but de l'organisation en société, c'est la liberté » ; c'est pour la liberté
que « chaque individu a renoncé à son droit d'agir
selon son propre vouloir[13] ». On retrouve cette idée
chez Locke, puis dans les premiers articles de la Déclaration des droits de l'homme de 1789 : le but de toute
association politique étant de préserver les droits
imprescriptibles de l'homme dont le premier est la
liberté, la contrainte ne peut s'exercer qu'en vue d'éviter que l'exercice de la liberté ne porte atteinte à celle
d'autrui. Pour Aubert de Versé aussi bien que pour
Turgot, la contrainte est fondée en ce qu'elle garantit
qu'on ne passe pas les bornes de la liberté d'autrui[14].
Dans cette optique, c'est la non-tolérance qui devient
garante de la liberté, c'est elle qui « conserve la liberté
aux pacifiques » en tenant « bas et rampants » ceux qui
persécuteraient s'ils étaient les plus forts[15]. Les défenseurs de la tolérance au nom de la liberté ne manquent
donc pas de rappeler qu'une certaine non-tolérance est
aussi la condition de celle-ci. Ils mettent l'accent sur ce
que Tzvetan Todorov appelle aujourd'hui le paradoxe
constitutif de la liberté, et donc de la tolérance : « Pour
exister, [la liberté] implique sa négation [partielle]. Si
chacun faisait ce qu'il voulait, [...] sa liberté se trouve-
rait vite réduite à néant, du fait que les autres cherchent
à en faire autant[16]. »

13. Spinoza, *Traité des autorités...*, *op. cit.*, p. 312.
14. Turgot, *Seconde lettre...*, *op. cit.*, p. 384-385.
15. Versé, *Traité de la liberté de conscience*, *op. cit.*, p. 24.
16. Todorov, « La tolérance et l'intolérable », *op. cit.*, p. 197-198.

Mais si être tolérant revient à dire qu'il faut laisser l'homme libre, qu'entendons-nous par cette liberté ? Ne s'agit-il pas le plus souvent, d'une manière ou d'une autre, d'une liberté « surveillée » ?

1

Liberté surveillée

« Je suis lié par les textes scripturaires que j'ai cités et ma conscience est captive des paroles de Dieu. Je ne puis ni ne veux me rétracter en rien, car il n'est ni sûr ni honnête d'agir contre sa propre conscience[1] », s'écrie Luther à la diète de Worms en 1521. Les mots « lié » et « captive » illustrent ce que nous savons déjà : la liberté de conscience, qui justifie la tolérance aux XVIe et XVIIe siècles, est en réalité une question de soumission. Il faut être tolérant pour laisser à l'homme la liberté d'obéir à son véritable maître. C'est bien aussi sous l'angle de la contrainte que Pierre Bayle aborde la question de la liberté : « Quand on connaît que nous ne sommes pas maîtres de nos idées, et qu'une loi éternelle nous défend de trahir notre conscience, on ne peut qu'avoir de l'horreur pour ceux qui déchirent le corps d'un homme, parce qu'il a plutôt ces idées-ci que celles-là[2]. »

La liberté de conscience n'a guère à voir ici avec la liberté au sens où nous l'entendons aujourd'hui. Pour les hommes de la Réforme, nous ne sommes pas libres

1. Cité par Jean Baubérot, « Stratégies de la liberté », in Sahel, *La Tolérance...*, *op. cit.*, p. 86.
2. Bayle, *Commentaire philosophique...*, *op. cit.*, p. 267.

de penser ce que nous pensons et il est donc vain de vouloir nous contraindre. Mais nous devons aussi être libres d'obéir à notre conscience, puisque celle-ci est la voix de Dieu ou de la raison. Tout comme il n'est pas de terre sans seigneur, il n'est pas d'âme sans maître, et de même que nul ne peut servir deux maîtres, la liberté à l'égard de l'un a pour raison d'être sa soumission à l'autre.

NOUS NE SOMMES PAS LIBRES
DE PENSER CE QUE NOUS PENSONS

De Thomas d'Aquin jusqu'aux Lumières, la liberté de conscience est souvent évoquée en termes de contrainte. Les uns affirment que l'on ne peut forcer l'homme à croire, puisqu'il n'est pas libre de penser ce qu'il veut, tandis que d'autres, citant saint Augustin, assurent que la foi est affaire de volonté[3], mais que nous ne sommes pas maîtres de celle-ci. L'homme est soumis à son propre jugement, qui est pour lui comme un maître incontournable. C'est précisément pour cette raison que l'Utopus de Thomas More refuse de châtier les athées. « Quelle que soit l'opinion d'un homme, celui-ci ne choisit pas d'avoir cette opinion, écrit William Walwyn en 1644. Quoi qu'il conclue être vrai ou faux, agréable ou désagréable à Dieu, c'est cela même qui est pour lui son opinion et son jugement ; ainsi, c'est sa propre raison qui nécessite [oblige] l'homme à avoir les opinions qui sont les siennes. Or, là où règne la néces-

---

3. Saint Augustin, « L'homme ne peut croire que ce qu'il veut », *credere non potest homo nisi volens* ; *In Joannem*, XXVI, 235.

sité, il ne devrait y avoir aucun châtiment, car le châtiment ne sanctionne que les actions volontaires[4]. »

Locke perçoit bien que la condition de la liberté d'opinion est la préservation de « cette partie d'eux-mêmes en quoi réside [la] dignité [des] hommes et qui, si on pouvait la contraindre, ferait d'eux des créatures très peu différentes des bêtes brutes[5] ». Néanmoins, nous subissons nos propres opinions, au point que nous ne pouvons dire ce que nous penserons demain[6]. « Quand même nous le voudrions, il ne dépend pas de nous de croire que telle ou telle chose soit véritable[7]. » « La religion est une affaire de conscience qui ne se commande pas, constate Bayle. Nous ne croyons les choses que quand elles nous paraissent vraies, et [...] il ne dépend pas de nous qu'elles nous paraissent vraies, non plus qu'il ne dépend pas de nous qu'elles nous paraissent blanches ou noires[8]. » Les opinions qui semblent les mieux fondées ne sont que le résultat de nos origines, de notre éducation, de nos habitudes. Nous apprenons à distinguer le bien du mal « selon qu'il plaira à nos parents, qui ne manqueront jamais de nous instruire à leur mode, et de nous donner un pli que nous croirons devoir conserver précieusement toute notre vie[9] ».

L'idée que l'homme n'est pas fait pour juger librement, qu'il est dans sa nature d'être enchaîné à de multiples déterminismes, sera souvent reprise. En 1684,

---

4. Cité par Spitz, introduction à Locke, *Lettre sur la tolérance...*, *op. cit.*, p. 14-15. Le texte figure dans D. Wootton, *Divine Right and Democracy. An Anthology of Political Writings in Stuart England*, Londres, 1986, p. 247-271.

5. Locke, *Essai sur la tolérance*, *op. cit.*, p. 129 et 108.

6. *Ibid.*, p. 108.

7. Locke, *Lettre sur la tolérance*, *op. cit.*, p. 199.

8. Bayle, *Commentaire philosophique...*, *op. cit.*, p. 152 et 274.

9. *Ibid.*, p. 332 et 345.

Basnage de Beauval justifie la liberté de conscience en ces termes : « Il n'est pas en la liberté de l'homme de croire comme des vérités les choses qu'on lui propose, parce que l'entendement et la volonté sont des facultés libres et indépendantes, et qu'il est contradictoire que la volonté soit forcée à vouloir ce qu'elle ne veut pas vouloir [...]. On dit que le consentement que la volonté donne à la vérité n'est pas libre, parce qu'elle se détermine nécessairement pour la vérité qui lui est présentée par l'entendement sans avoir la liberté de choisir[10]. » On retrouve le même raisonnement chez Van Paets, pour qui « il est manifeste qu'il ne dépend pas de nous de croire ce que nous voulons[11] », ou chez l'abbé Yvon : on ne saurait contraindre l'homme à croire, parce que lui-même n'est pas libre de croire et de comprendre ce qu'il veut[12]. « Rien n'est plus libre que les sentiments », dit encore l'*Encyclopédie* pour affirmer que l'homme n'en dispose pas, mais qu'il les subit ; notre manière de voir et de sentir, influencée par l'éducation, les préjugés, les objets qui nous environnent, « et mille causes secrètes [...] ne dépend que bien peu de nous ». « Je suis indigné, s'écrie Rousseau, que la foi de chacun ne soit pas dans la plus parfaite liberté ; [...] comme s'il dépendait de nous de croire[13]. » « Mais quoi ! s'exclame Voltaire, sera-t-il permis à chaque citoyen de ne croire que sa raison, et de penser ce que cette raison éclairée ou trompée lui dictera ? Il le faut bien, pourvu qu'il ne trouble point l'ordre : car il ne dépend pas de l'homme de croire ou de ne pas croire[14]. »

---

10. Basnage de Beauval, *Tolérance des religions, op. cit.*, p. 55.
11. Van Paets, *Lettre sur les derniers troubles..., op. cit.*, p. 17.
12. Yvon, *Liberté de conscience..., op. cit.*, t. II, p. 42.
13. Rousseau, lettre à Voltaire du 18 août 1756, in *Œuvres complètes, op. cit.*, t. IV, p. 1072.
14. Voltaire, *Traité de la tolérance, op. cit.*, p. 83.

De la Réforme à la Révolution, alors que se développe la cause de la tolérance au nom de la liberté de conscience, cette idée de contrainte devient un lieu commun. « Il est absurde de prescrire aux hommes [...] des choses qu'il n'est pas en leur pouvoir d'accomplir[15] », résume Locke.

En vérité, ceux qui entrevoient un espace de liberté ne conçoivent celle-ci que comme la condition de la soumission. Ainsi Spinoza, pour qui l'homme n'a la liberté d'exprimer que ce qui est irrépressible. Mais s'il n'est pas le maître de ses pensées, il l'est de ses actions ; et la puissance publique peut en ce domaine exiger l'obéissance. Rousseau écrit, à propos de la nature des commandements divins : « Dieu n'exige point de nous de croire puisqu'il ne nous en donne pas le pouvoir, mais il exige la pratique de la vertu parce que chacun est maître de ses actions[16]. » De même, lorsque Voltaire défend la tolérance religieuse en arguant que l'homme n'est pas libre de croire ou non, il ajoute : « Il dépend de lui de respecter les usages de sa patrie[17]. » C'est dans cet espace de liberté que la coercition pourra s'exercer légitimement.

De fait, l'idée de liberté ne risque-t-elle pas de se retourner contre la tolérance ? Dès lors que l'homme est supposé libre de ses choix, il est susceptible d'en rendre compte. Au fond, la seule liberté qui soit sans danger est celle qu'Henri Laborit définit comme « la possibilité de faire aboutir l'expression motrice et langagière de ses déterminismes[18] ». La meilleure raison de tolérer n'est-elle pas que l'homme ne peut penser et agir autrement

15. Locke, *Lettre sur la tolérance, op. cit.*, p. 199.
16. Rousseau, lettre à Voltaire du 18 août 1756, *op. cit.*, p. 1077.
17. Voltaire, *Traité de la tolérance, op. cit.*, p. 83.
18. Henri Laborit, « Intolérance et droit de l'autre », in Collange et Duprat, *L'Intolérance..., op. cit.*, p. 27.

qu'il ne le fait ? Aujourd'hui, notre respect de la différence s'incline devant la diversité des choses, mais pas à proprement parler devant la liberté. Notre tolérance consiste à laisser l'individu à ses déterminismes culturels.

NOUS SOMMES LIBRES
POUR MIEUX NOUS SOUMETTRE

Notre conscience est le résultat d'innombrables facteurs dont nous ne sommes pas les maîtres, mais il peut dépendre de nous de suivre ou non ce qu'elle nous dicte. La tolérance, soutiennent ses défenseurs, se justifie par le fait que l'homme doit pouvoir se soumettre aux commandements de sa conscience.

« La grande faute de l'homme, c'est la volonté propre. Tout le bien dont l'homme est capable tient dans l'obéissance[19]. » Ce résumé, par John Stuart Mill, de la doctrine calviniste s'étend, de l'aveu même de son auteur, bien au-delà. L'homme étant radicalement corrompu par le péché, il ne doit pas être laissé à lui-même. Les uns parleront de soumission aux autorités chrétiennes, les autres au Livre seul en s'en décrétant les interprètes exclusifs, mais leur conviction est la même : abandonner l'homme à sa seule volonté, c'est le condamner à l'erreur.

Du XVIe au XIXe siècle, la liberté de conscience est présentée par ses adversaires comme une licence, comme un rejet de toute subordination, lequel justifie, pour ses zélateurs, l'appellation de libertins[20]. Bossuet tombe ici

---

19. Mill, *De la liberté, op. cit.*, p. 114. *Cf.* également Zweig, au sujet de Calvin, *Castellion contre Calvin, op. cit.*, p. 59.
20. *Cf.* Negroni, *Intolérances..., op. cit.*, p. 63.

d'accord avec Théodore de Bèze criant au temps de la Réforme que « la liberté de conscience est un dogme diabolique[21] ». La tolérance, liberté donnée aux dissidents de penser « tout ce qui leur plaît[22] », ne peut que les enfoncer dans la servitude. La volonté propre, plus sûrement que le tyran le plus avéré, réduit l'homme en esclavage. Pour l'Église – pour les Églises –, elle anéantit en nous la « vraie » liberté qui est libre arbitre[23]. Abandonné à cette licence de penser et de faire ce qui plaît à son amour de soi, l'homme est l'esclave de ses passions, de ses préventions, de ses rêves, de ses folies[24] qui obscurcissent son entendement et sa volonté. Refuser de se soumettre aux commandements et à l'enseignement de l'Église, c'est se laisser envahir par ce « prurit de volonté à l'égard de ce qui nous est propre[25] » ; n'obéir qu'à soi-même, ce maître illégitime qui seul donne corps à ce bas monde et à lui seul justifie l'enfer ; s'abandonner, pour la ruine de sa part divine, à ce qui en l'homme est poussière. Sa souveraine liberté qui le fait semblable à Dieu, l'homme ne la dégage de l'esclavage des passions qu'en se soumettant à la volonté divine. Parce que Dieu veut le bien de la créature, parce que la liberté véritable n'est que la capacité d'aller vers son bien, la liberté humaine se confond avec la volonté de Dieu[26].

---

21. Zweig, *Castellion contre Calvin, op. cit.*, p. 170.

22. Bossuet, *État présent des controverses et de la religion protestante...*, in *Avertissements..., op. cit.*, p. 644.

23. Saint Bernard, *Œuvres, op. cit.*, t. II, *3e sermon pour le jour de Pâques*, p. 245.

24. Pey, *La Tolérance chrétienne..., op. cit.*, p. 113.

25. Saint Bernard, *ibid.*

26. Rousseau tente précisément de reconstituer cette fusion mystique de la soumission et de la liberté : lorsque les hommes se conforment à la loi commune élaborée dans l'exercice en commun de la droite raison, ils n'obéissent qu'à cette loi intérieure qui les fait hommes, et ils restent libres – leur obéissance est constitutive de leur

La liberté de conscience ne porte pas atteinte à cet idéal de libération par l'obéissance, protestent ses défenseurs pour qui la tolérance est précisément la mise en œuvre de cet idéal, l'affranchissement d'une obéissance au profit d'une autre plus légitime.

Nul ne peut servir deux maîtres. Nous l'avons dit : la liberté vis-à-vis du pouvoir des hommes se déduit de l'obligation d'obéissance à Dieu. Pour Luther, citant saint Paul (1 Co 7, 23 ; Ga 5, 1), l'expression *liberté de conscience* signifie que le chrétien est libéré de la loi des hommes dans l'exacte mesure où il se doit à la Parole de Dieu[27]. C'est dans le même sens que le luthérien strasbourgeois Caspar Schwenckfeld, sympathisant des anabaptistes, s'exprime vers 1530 : les « serviteurs de la Parole de Dieu et les prédicateurs de la Croix » doivent garder leur liberté, afin de n'avoir pour seul maître que Jésus-Christ[28]. Lorsque, en 1535, l'anabaptiste Scharnschlager, dans son appel à la tolérance aux magistrats de Strasbourg, prononce à plusieurs reprises le mot « liberté », c'est pour dire que la conscience est libre par rapport au pouvoir civil. Si elle échappe à celui-ci, c'est qu'elle obéit à d'autres lois. En 1564, une *Épistre au roy sur le fait de la religion* indique que la vraie liberté de conscience « consiste en une permission libre de servir et honorer Dieu sincèrement, selon que la conscience admoneste un chacun, instruit par la Parole[29] ». C'est précisément parce que l'homme doit obéir à Dieu que sa

---

liberté même. *Cf.* « Projet de constitution pour la Corse », in *Œuvres complètes*, Gallimard, « Bibliothèque de la Pléiade », t. III, 1964, p. 950.

27. Luther, *À la noblesse chrétienne...*, *op. cit.*, p. 179 : « Par le baptême, nous sommes devenus libres et seulement soumis à la parole divine. »

28. Husser, « Le plaidoyer... », *op. cit.*, p. 75.

29. Lecler et Valkhoff, *Les Premiers Défenseurs...*, *op. cit.*, p. 81.

conscience doit être libérée de toute autre sujétion. Ainsi que le proclame Caspar Coolhaes en 1609 : « Les hommes peuvent être ce qu'ils veulent, car chacun se tient en face de son Seigneur, c'est-à-dire de Dieu, et non d'un homme, quel qu'il soit[30]. » L'usage de la coercition est comme une trahison envers le Maître divin qui exige une entière liberté face à la puissance temporelle[31]. Chillinworth (1602-1644) le dit avec des mots explicites : la liberté des chrétiens consiste à « captiver leur intelligence sous le seul joug de l'Écriture[32] ».

Le principe de l'obéissance à plus grand que les hommes implique que l'homme doit avoir une liberté absolue vis-à-vis de toute autorité humaine, et cela en tout domaine. « C'est en faveur de cette liberté de conscience que je crie et que je crie hardiment : aux chrétiens on ne peut imposer des lois, qu'elles viennent des anges ou des hommes, si ce n'est avec leur consentement, car ils sont libres vis-à-vis de toutes choses[33]. » Cette absence de toute loi est poussée chez Luther dans ses conséquences extrêmes. Dans le même temps cependant, la loi de Dieu étant une loi d'amour, le chrétien se soumet entièrement à la volonté de son prochain et devient le sujet idéal des puissances terrestres : on ne peut rien lui imposer en raison de la loi divine qui l'habite, mais il peut tout subir. Toute problématique de tolérance se trouve ici abolie.

---

30. Caspar Coolhaes, dans le dernier de ses libelles, *Naedencken of de disputatïen van de godtlycke praedestinatie*, Gouda, 1609 (Knuttel, n° 1639). *Cf.* H. Rogge, *Caspar Coolhaes*, t. II, p. 121 *sq.*, p. 127, cité par Lecler, *Histoire..., op. cit.*, t. II, p. 257.

31. Husser, « Le plaidoyer... », *op. cit.*, p. 75.

32. Chillinworth, *Works*, t. II, p. 39, cité par Lecler, *Histoire..., op. cit.*, t. II, p. 370.

33. *De captivitate babylonica* (1520), cité par Lecler, *Histoire..., op. cit.*, t. I, p. 163.

En outre, la distinction entre le règne des cieux et celui de la terre limite les conséquences du principe d'affranchissement « de tout joug humain ». La conscience doit être libre vis-à-vis des pouvoirs humains en matière de religion, c'est-à-dire dans le domaine où, de par l'ordre du monde établi par Dieu, celui-ci entend rester le seul maître, sans médiation. C'est ce qui ressort d'un texte puritain anonyme écrit en 1568 : « Sa Majesté la reine n'a aucune autorité pour contraindre un homme à croire quelque chose contre la parole de Dieu [...] en ce qui concerne la religion, l'âme humaine n'est liée à personne, sauf à Dieu et à sa Parole sainte[34]. » De son côté, Étienne Bathory, roi catholique de Pologne (1576-1586), proclame : « Dieu s'est réservé trois choses : créer quelque chose de rien, connaître l'avenir et régner sur les consciences[35]. » C'est au nom de ce partage de souveraineté entre le Maître du ciel et ceux de la terre que les baptistes revendiquent la liberté de conscience et donc la tolérance[36]. La question est de savoir non pas si l'homme doit être libre, mais à quel maître il doit obéir, et donc de définir un champ d'exercice exclusif pour la souveraineté céleste. Une résolution adoptée à Amsterdam en 1612 ou 1613 est explicite : « Le magistrat n'a pas à se mêler de religion ou de matières de conscience, [...] parce que le Christ est le roi et le législateur de l'Église et de la conscience[37]. »

---

34. M. Jordan, *Toleration*, t. I, p. 254, cité par Lecler, *Histoire...*, *op. cit.*, t. II, p. 235.

35. Wegierski, *Slavonia reformata, op. cit.*, p. 215.

36. Thomas Helwys, *A Short Declaration of the Mistery of Iniquity* (1612), fac-similé de l'édition originale, The Baptist Historical Society, 1935, p. 69.

37. Cité par Max Weber, *L'Éthique protestante et l'esprit du capitalisme*, Presses-Pocket, « Agora », 1991, p. 151.

Le même mouvement d'idées se retrouve sous la plume de Louis XIII, écrivant le 19 janvier 1621 au connétable de Lesdiguières : « Je vous laisse en votre liberté, sachant que rien ne doit être plus libre que les consciences que Dieu sait mouvoir comme il lui plaît[38]. » C'est encore pour cette raison qu'en 1657, Goodwin réclame la liberté de conscience et fulmine contre une commission créée par Cromwell dont le but est de déterminer les points de foi fondamentaux : « Dieu [...] n'a jamais donné pouvoir à aucun homme, ni à aucun groupe d'hommes, pour soumettre les consciences humaines en des matières où il est le seul Maître[39]. »

La tolérance, prise comme liberté de conscience, n'est donc pas une liberté laissée à l'homme. Elle est avant tout la part laissée à Dieu en l'homme ; elle y garantit « directement les droits de Dieu même », explique Bayle[40]. Sous cet aspect, si l'intolérance est criminelle, c'est en ce qu'elle place l'homme en situation de désobéir au seul véritable maître de sa conscience, de transgresser les ordres qu'il lui donne.

Dans le même esprit, Locke parle de l'existence de deux types de contrainte, l'une terrestre et l'autre divine, ayant chacune leur champ d'action : « Si Dieu veut [...] que les hommes soient contraints à gagner le ciel, ce ne doit pas être par la violence extérieure que le magistrat exerce sur le corps des hommes, mais par la contrainte intérieure que Son propre Esprit exerce sur leur entendement, et cette contrainte ne peut être mise en œuvre

---

38. Cité par Émile Poulat, « Laïcité et intransigeance dans la France contemporaine », in *Jusqu'où tolérer ?*, *op. cit.*, p. 251.

39. John Goodwin, *Βασανισται or the Triers (or Tormentors) tryes and cast by the Laws both of God and of Men*, Londres, 1657, p. 18-19, cité par Lecler, *Histoire...*, *op. cit.*, t. II, p. 395.

40. Bayle, *Commentaire philosophique...*, *op. cit.*, p. 129.

par aucune force humaine[41]. » Rassurez-vous, semble dire Locke, l'homme n'est jamais vraiment laissé à lui-même. Cette logique de la double soumission se retrouve chez Rousseau : « Quand un homme sert bien l'État, il ne doit compte à personne de la manière dont il sert Dieu[42]. » Jean-Jacques parle ici de deux obéissances simultanées – les corps obéissent au prince, et les âmes à Dieu –, qui ne laissent pas de place à la liberté.

Cette problématique se retrouve hors de la pensée religieuse. La justification de la liberté de pensée est que l'homme, au bout du compte, est supposé soumettre son esprit à la vérité, avec ou sans majuscule. Pelletan, en 1862, à propos de la liberté de l'écrit, évoque ainsi la « dictature intime de la vérité[43] » : laisser l'homme libre, c'est le faire tout entier obéissant à celle-ci – sous son « empire », selon l'expression de maints auteurs. L'abbé Canet n'affirme pas autre chose à propos de la liberté religieuse : « La conscience est libre, [en ce] qu'elle ne relève plus que de la vérité[44]. » Le même abbé analyse la « liberté de conscience moderne » en termes de soumission : d'un côté l'allégeance à Dieu, de l'autre l'allégeance à la raison humaine proclamée souveraine[45].

La tolérance inaugurée par les Lumières se fonde en effet sur une autre obéissance : il faut s'en remettre à la raison en se « libérant de l'emprise des superstitions et du fanatisme ». Lorsque la raison est absente, il ne peut y avoir de tolérance. On le perçoit chez Helvétius ou, au XIXᵉ siècle, chez les libres penseurs qui légitiment l'in-

41. Locke, *Essai sur la tolérance...*, *op. cit.*, p. 109.
42. Rousseau, lettre à Voltaire du 18 août 1756, *op. cit.*, p. 1072.
43. Pelletan, *Le Droit de parler. Lettre à M. Imhaus*, Paris, Pagnerre, 1862, p. 13.
44. Canet, *Nature et histoire...*, *op. cit.*, p. 57.
45. *Ibid.*, p. 16.

tolérance vis-à-vis des hommes supposés nier ce principe de soumission à la raison. De même, la question de la tolérance ne se pose pas vis-à-vis des enfants ou d'une humanité jugée attardée[46].

En bref, la liberté de conscience est définie comme la possibilité qu'a l'homme de se soumettre. C'est le respect dû à cette contrainte intérieure qu'invoque aujourd'hui encore John Rawls. Nul principe d'utilité ne saurait, dit-il, concurrencer le caractère « absolument contraignant » des obligations morales[47]. S'il faut être tolérant, c'est que l'obligation vis-à-vis de soi-même – la morale – est affaire suffisamment sérieuse pour qu'on laisse chacun y déférer. La tolérance est ce qui laisse l'homme obéir à ses convictions intimes.

« ÊTRE À SOI-MÊME SA PROPRE LOI »

« L'homme doit être libre de toute influence étrangère [...]. Il n'a d'ordre à recevoir que de cette loi intérieure [la conscience], car elle est son unique loi[48]. » On voit, sous la plume de Fichte, qu'il est facile de passer d'une problématique d'obéissance à l'appropriation totale de l'instance intérieure. Le philosophe parle bien encore de liberté de l'homme par rapport à une autorité extérieure, pour se soumettre à une loi intérieure : cette « unique loi » est sa qualité d'homme même, en sorte que s'il ne revendique pas cette *auto-nomie* (c'est-à-dire

---

46. *Cf.* par exemple C. Bouglé, *Liberté de conscience, Religions, Franc-maçonnerie*, Chambéry, 1892, p. 25 et 29.

47. John Rawls, *Théorie de la justice* (1971), Seuil, 1987, p. 242-243.

48. Johann Gottlieb Fichte, *La Revendication de la liberté de penser* (1793), Paris, F. Chamerot, 1859, p. 13.

d'être à soi-même sa propre loi), il renonce « à l'humanité, à la personnalité et à la liberté[49] ».

Il faut être tolérant parce que les hommes disposent, par nature, de tous les moyens de raison pour se diriger eux-mêmes. Kant est ici le maître à penser : la liberté est exercice de la raison, laquelle dicte la loi morale. Si l'on accepte de laisser à lui-même un individu dont on n'approuve pas l'opinion ou le comportement, c'est dans la mesure où sa liberté se confond avec l'exercice de la raison commune à tous les hommes ; c'est que ceux-ci, parce que raisonnables, sont supposés naturellement portés vers le bien.

« Au dicté de bon sens et entendement »

Les observations de Rabelais sur la vie libre des moines de Thélème résument, par anticipation, une telle justification de la tolérance. À l'instar du *« quod vis fac »* de saint Augustin, la devise « fay ce que vouldras » inscrite au fronton de l'abbaye ne peut pas s'entendre comme un simple « fais ce qu'il te plaît ». La liberté des thélémites est pouvoir sur soi-même, et non pas abandon à son plaisir. À Thélème, l'homme se « gouverne » lui-même. L'expression dit assez que la belle tolérance qui y règne est une liberté conçue comme autorité de soi sur soi.

L'homme digne de ce nom se dirige « au dicté de bon sens et entendement », et non « au son d'une cloche[50] ». À mi-chemin entre frère Jean et Kant, Spinoza observe que cette forme de soumission constitue sa liberté intérieure, son « vouloir libre ». Il s'inscrit en faux contre

---

49. *Ibid.*, p. 15.

50. Rabelais, *Gargantua*, édition établie et annotée par Pierre Michel, Gallimard, « Folio », 1992, chapitre LII, p. 395.

l'opinion commune selon laquelle est libre celui qui se conduit comme il lui plaît, car cette liberté est souvent « le pire des esclavages », celui « de la concupiscence personnelle. Au contraire, est libre l'individu qui choisit de guider volontairement sa vie selon la raison[51] ». La liberté consiste en ce que « la raison ne se soumet à aucune autre loi que celle qu'elle se donne à elle-même[52] », dira Kant. Celui qui prétend être libre peut vouloir s'affranchir de toute raison ; ce faisant, il s'en remet à un « élan brut » qui est le contraire de la liberté, puisqu'il est soumission absolue aux sens et aux passions[53].

Cette approche, que l'on croise couramment, par exemple, chez Mirabeau imitant Milton en 1788[54], est profondément ancrée dans la tradition chrétienne : elle sera partagée, au XIXᵉ siècle, tant par l'Église que par le militantisme laïque. Léon XIII, dans son encyclique *Libertas*, rappelle que l'homme est un être naturellement libre en ce que sa volonté obéit à sa raison, à la différence des animaux qui « n'obéissent qu'aux sens et ne sont poussés que par l'instinct naturel[55] ». Pour l'abbé Canet en 1893, la liberté de conscience « est le droit qu'a l'être intelligent de diriger sa vie[56] ». L'exercice de la liberté intérieure n'est autre que celui de la raison[57]. Le rationaliste rejoint ici le croyant : quand Jules Simon

---

51. Spinoza, *Traité des autorités...*, op. cit., p. 245.

52. Emmanuel Kant, *Qu'est-ce que s'orienter dans la pensée ?* (1786), Vrin, 1993, p. 86.

53. Vaissière, *Fondements de la cité*, op. cit., p. 166 et 168.

54. Mirabeau, *Sur la liberté de la presse*, op. cit., p. 35. Lorsque Dieu donna à l'homme la raison, il lui donna la liberté de choisir, car c'est cette faculté qui constitue la raison ; autrement, l'homme n'eût été qu'une machine. Dieu donc créa le premier homme libre.

55. Léon XIII, *Libertas...*, op. cit., p. 2 et 4.

56. Canet, *Nature et histoire...*, op. cit., p. 9.

57. Léon XIII, *Libertas...*, op. cit., p. 5.

insiste sur le fait que l'intolérance est une injure « à la volonté de Dieu qui nous a faits intelligents et libres[58] », le franc-maçon Bouglé indique en 1892 que la liberté de conscience repose sur la raison, et le militant laïque Déodat Roché que « la liberté n'est pas dans l'arbitraire et l'anarchie, mais dans la soumission aux lois de la raison[59] ». Dans le contexte de Vatican II, Jean-Marie Vaissière prolonge ces observations : « La vraie liberté consiste à se soumettre, à obéir, mais à obéir à la droite raison[60]. »

Encore faut-il être convaincu, à l'instar d'un Montaigne ou d'un La Bruyère, qu'il y a de la raison partout où il y a de l'humain[61]. À l'orée du siècle de la tolérance, les promoteurs de la loi naturelle, comme Pufendorf (1632-1694), mais aussi les tenants d'une religion fondée sur la raison comme le socinien Wiszowaty, constatent que l'homme a « naturellement les lumières de la raison, à la faveur desquelles il peut se conduire[62] » ; que les hommes, « animaux rationnels [...], sont guidés par leurs propres yeux[63] ».

---

58. Simon, *La Liberté de conscience, op. cit.*, p. 393.

59. Roché, *Méthode critique..., op. cit.*, p. 27.

60. Vaissière, *Fondements de la cité, op. cit.*, p. 183-184.

61. Montaigne, *Essais*, « De la vanité », III, 9 : « J'estime tous les hommes mes compatriotes, et j'embrasse un Polonois comme un François, postposant cette lyaison nationale à l'universelle et commune. » « Chaque usage a sa raison [...] il me semble que je n'ai rencontré guère de manieres qui ne vaillent les nostres. » La Bruyère, *Caractères*, « Des jugements », 22 : « La raison est de tous les climats, et [...] l'on pense juste partout où il y a des hommes. »

62. Samuel von Pufendorf, *Devoirs de l'homme et du citoyen* (1673), in Bruno Huisman, *Les Philosophes et la Liberté. Les grands textes philosophiques sur la liberté*, Huisman, 1982, p. 233.

63. Andreas Wiszowaty, *Religio rationalis* (1685)..., éd. L. Chmag, D. Gromska, V. Wasik, Varsovie, 1960, p. 65-66.

Parce que les hommes obéissent aujourd'hui naturellement à la loi de raison, on peut les laisser à eux-mêmes. Les philosophes des Lumières considèrent la tolérance dans une perspective historique : si elle s'impose désormais, c'est que l'esprit humain est sorti de l'obscurantisme, alors que l'empire de l'ignorance et des superstitions justifiait qu'on n'abandonnât pas les hommes à leur raison immature. Cette vision est explicite chez Malesherbes[64] ou Condorcet. De son côté, Kant constate bien qu'il s'en faut de beaucoup que tous les hommes soient capables d'user de leur entendement « sans être dirigés par un autre ». Il admet cependant qu'ils s'acheminent peu à peu « hors de l'état de minorité[65] ». Soixante-dix ans plus tard, John Stuart Mill tire à son tour les conséquences des progrès de la raison et avance que les hommes peuvent désormais progresser par la libre discussion[66]. Boudeville, en 1912, dans une vision très positiviste de l'histoire humaine, justifiera la tolérance par le fait que l'humanité s'est libérée des contraintes immédiates de ses instincts et de ses sensations, puis de son imagination, et qu'elle a enfin accédé à l'étape de la raison : aussi l'homme doit-il dorénavant être traité comme « arbitre et maître de ses destinées[67] ».

La tolérance est donc, selon l'expression que Raymond Polin applique au libéralisme, « acte de foi en l'unité essentielle de la liberté et de la raison[68] ». Acte de foi qui pose que la raison parle en tout homme, mais aussi que celui-ci l'entende. L'attitude de tolérance

---

64. *Cf.* Malesherbes, *Mémoire sur la liberté de la presse, op. cit.,* p. 227.

65. Emmanuel Kant, *Qu'est-ce que les Lumières ?* (1784), avec *Critique de la faculté de juger*, Gallimard, « Folio », 1989, p. 503.

66. Mill, *De la liberté, op. cit.,* p. 41.

67. Boudeville, *La Liberté d'opinion, op. cit.,* p.13.

68. Polin, *La Liberté de notre temps, op. cit.,* p. 138.

trouve ainsi ses limites : c'est précisément dans la mesure où les hommes risquent de s'écarter de la droite raison pour suivre leur appétit de plaisir et les passions de leur âme, dit Spinoza, que la contrainte est nécessaire[69].

Les adversaires de la tolérance voient dans ce rejet de la droite raison une constante de la nature humaine. Ainsi l'Église affirme-t-elle qu'en laissant l'homme être à lui-même sa propre loi, on le détourne de la raison. L'homme étant asservi par des « affections indignes de la sagesse d'un être raisonnable[70] », il ne peut être considéré comme libre. C'est au nom de ce principe que Léon XIII refuse de faire de la tolérance une valeur en soi[71]. Que l'homme fasse ce qui lui plaît ne signifie nullement qu'il fasse ce qu'il veut, c'est-à-dire qu'il manifeste sa liberté de vouloir. Selon cette logique de la liberté comprise comme loi de raison contre l'esclavage des passions, la tolérance apparaît comme l'ennemie majeure de la liberté et donne au contraire sens à la répression des passions. C'est en invoquant cette liberté intérieure, dont l'épanouissement passe par la discipline, que Joseph de Maistre revendiquait le droit à la contrainte comme un « droit de l'homme » à part entière.

« Le guide le plus naturel et le plus sûr »

Nos thélémites sont laissés à leur propre raison : celle-ci leur dessine un idéal partagé, une loi morale à la fois personnelle et commune dont Rabelais donne une description qui préfigure celle du très austère Kant. La sou-

---

69. Spinoza, *Traité des autorités...*, *op. cit.*, p. 97.
70. Vaissière, *Fondements de la cité*, *op. cit.*, p. 179.
71. Léon XIII, *Libertas...*, *op. cit.*, p. 13.

mission de tous à la loi d'amour, qui pousse chacun à faire ce qui plaît à autrui, est la condition préalable au « fay ce que vouldras » ; elle est ici le propre d'une élite.

Mais existe-t-il un ordre du vrai et du bien sur lequel tous les hommes soient d'accord ? De l'Antiquité jusqu'à Grotius, la théorie du droit naturel suggère que, par-delà les différences, la raison désigne à chacun une même vérité morale. Cette certitude permet à Martin Clifford (1675) d'afficher une belle tranquillité quant au maintien de la religion chrétienne dans un contexte de tolérance : la « raison du moindre des hommes » le tourne nécessairement vers la vérité[72]. La liberté, en tant qu'exercice de la raison, est ainsi le « guide le plus naturel et le plus sûr[73] ». Pour Spinoza, Lessing ou Kant, elle désigne « une seule religion valant pour tous les hommes et pour tous les temps[74] ».

Cette idée, lieu commun au siècle des Lumières, est aussi au cœur de l'esprit laïque. Au siècle suivant, on justifie la liberté de pensée par le fait que, au-delà des différences superficielles issues de la diversité des imaginations, il existe un substrat de principes intangibles et acceptés par toute raison humaine. Cette morale dite « indépendante » ou « universelle[75] » peut être reçue par

72. Martin Clifford, *Traité de la raison humaine*, publié en 1675, traduit en français en 1682, 2ᵉ édition, Amsterdam, chez la Vve de J. van Dyck, 1699, p. 29.

73. *Ibid.*, p. 66.

74. Emmanuel Kant, *Projet de paix perpétuelle* (1795), cité par Heinz Wismann, « Les voix de la tolérance dans la philosophie allemande », in *L'Intolérance*, Académie universelle des cultures, Forum international sur l'intolérance, Unesco, 27 mars 1997, La Sorbonne, 28 mars 1997, Grasset, 1998, p. 95-98.

75. *Cf.* la lettre aux instituteurs de Jules Ferry : « Si une seule des phrases que vous allez prononcer peut gêner ou peut troubler un seul des parents des élèves que vous avez en face de vous, alors ne la dites pas [...]. Si vous avez le sentiment que ce que vous allez dire ne

tous, en toute liberté de conscience puisqu'elle est en accord avec la raison de chacun. « Qu'on ouvre la Bible ou le Coran, qu'on feuillette les livres sacrés des hindous ou des Chinois, on trouve partout les mêmes maximes : tu ne tueras point, tu ne voleras point, tu ne feras point de tort à ton prochain, etc. [...] Ces vérités ne sont le monopole d'aucune religion. » Ce sont ces valeurs communes, distinctes des opinions singulières, qui fondent la démarche laïque. Pour Déodat Roché, la liberté de l'homme est ainsi réglée par « l'intuition, la vue directe et profonde de la vérité, de la beauté, de la bonté » ; les hommes partagent des « vérités premières ». Cet idéal universel « est une garantie certaine de l'ordre[76] ». De même, selon Boudeville, la liberté d'opinion propre au régime républicain trouve sa justification en ce que raisons individuelles et raison commune désignent « le bien et l'utile individuel ou social[77] ».

Si certains défenseurs de la tolérance sont convaincus que « la conscience individuelle [...] crée les valeurs[78] », ils ne pensent pas pour autant que celles-ci sont indéterminées. Pour les uns, « l'homme individuel réalise un certain concept qui est dans l'entendement divin » ; pour les autres, « l'homme est possesseur d'une nature humaine. Chaque homme est un exemple particulier

---

peut pas heurter la conviction privée, alors parlez hardiment, parce que ce que vous avez dès lors entre les mains, c'est la morale universelle du genre humain et il n'y a rien de plus important pour un maître que de la défendre. » Cité par François Bayrou, au Forum international sur l'intolérance, *op. cit.*, p. 234.

76. Roché, *Méthode critique, op. cit.*, p. 12.

77. Boudeville, *La Liberté d'opinion, op. cit.*, p. 8.

78. Dans le fil de l'« erreur » dénoncée par Pie IX et Léon XIII, *Syllabus*, Office international des œuvres de formation civique et d'action doctrinale selon le droit naturel et chrétien, 1964, p. 17 (3), et *Libertas..., op. cit.*, p. 12.

d'un concept universel, l'homme[79] ». Dans les deux cas, le tolérant s'en remet à une liberté qu'il conçoit comme une inclination vers un certain modèle humain. Même si chacun suit son intérêt propre, les raisons individuelles convergent vers des valeurs communes. Ce déterminisme qui gît au cœur de la liberté – « liberté de plante[80] » – reste la condition qui fonde la tolérance comme valeur.

La tolérance reste-t-elle pertinente lorsque la raison individuelle ne désigne plus à tous les mêmes valeurs ? L'aube du IIIe millénaire est très sensible à cette question. Ceux qui l'énoncent le font, certes, de façon diverse. Raymond Polin fait observer qu'une rupture radicale s'amorce avec Rousseau, pour qui l'homme échappe à tout modèle préexistant ou sous-jacent[81]. D'autres stigmatisent plutôt la « crise des valeurs » que signale dès 1896 la parution des *Nourritures terrestres* d'André Gide. D'autres encore désignent l'apparition, dans les années 1910, d'une anthropologie fondée sur l'affirmation d'un relativisme culturel qui récuse l'universalité des valeurs[82]. D'autres enfin insistent sur la

---

79. Jean-Paul Sartre, *L'existentialisme est un humanisme* (1945), Gallimard, « Folio-Essais », 1996, p. 28.

80. L'image est de Miguel Benasayag, « Le foulard islamique et le voile de la pensée », *Libération*, 5 juillet 1995, qui met l'accent sur ce « fondamentalisme moderne » selon lequel l'individu « est un être intéressé, un atome social à la recherche de son propre bien [...]. L'individu reste libre parce qu'il agit toujours selon ses intérêts particuliers, et seul le fou [...] ferait le contraire ; l'irrationalité et, par conséquent, l'aliénation de la liberté ont pour symptômes les actes de l'individu contre lui-même. [...] Ici donc, pas plus de liberté pour l'homme que pour la plante, qui s'oriente pour son propre bien vers la lumière plutôt que l'ombre ».

81. *Cf.* Polin, *La Liberté de notre temps, op. cit.*, p. 108.

82. Junzo Kawada, « Le relativisme culturel remis en question », in *L'Intolérance*, Forum international sur l'intolérance, *op. cit.*, p. 146-150.

révolution existentialiste selon laquelle « il n'y a pas de nature humaine [...]. L'homme est non seulement tel qu'il se conçoit, mais tel qu'il se veut, et comme il se conçoit après l'existence. [... Il] n'est rien d'autre que ce qu'il se fait[83] ».

Ces diverses réflexions, qui relèvent d'une conception beaucoup plus radicale de la liberté, dérangent la vision classique de la tolérance. L'objection que l'Église opposait à la « doctrine libérale » prend alors un relief particulier : si l'individu est donné comme l'auteur de ses propres lois, mieux, si le propre de l'homme est de s'inventer lui-même à tout moment, ce nouvel « humanisme » impose une tolérance absolue, de ce fait impossible puisqu'elle s'anéantit elle-même dans la loi du plus fort. La liberté totale que revendiquait le mouvement de 1968 n'a-t-elle pas illustré que le subjectivisme individualiste propre à notre temps conduit bien souvent à l'intolérance[84] ?

Depuis lors des voix se sont élevées, comme celle de John Rawls, pour réaffirmer que la tolérance n'est concevable en tant que valeur que lorsqu'elle retrouve une limite, « basée sur des données et des raisonnements acceptables par tous [...] en se référant à une connaissance et à une compréhension commune du monde[85] ». On en vient à se demander comment, « dans le polythéisme des valeurs et des convictions, constituer un espace éthique commun sans lequel une société devient rapidement invivable et ingouvernable[86] ».

83. Sartre, *L'existentialisme est un humanisme*, *op. cit.*, p. 29.
84. Julien Freund, « Conflictualité sociale et intolérance », in Collange et Duprat, *L'Intolérance et le Droit de l'autre*, *op. cit.*, p. 75-107.
85. Rawls, *Théorie de la justice*, *op. cit.*, p. 248-249.
86. Émile Poulat, « L'avenir de la laïcité », *Le Monde*, 3 novembre 1995, p. 12.

2

Spontanéité, gratuité

L'idée qu'il existe une « liberté pure », c'est-à-dire que l'homme peut s'affranchir de tout ordre préexistant et de toute utilité, qu'il peut donc agir spontanément (sans cause) et gratuitement (sans but), est souvent invoquée en faveur de la tolérance. Pour la défendre, tel Père de l'Église arguë que la vraie religion est un élan spontané, alors que le tolérant « moderne » parle de don et de création. Ces deux approches renvoient à la même exigence de liberté pure, qui est spontanéité et gratuité.

LA LIBERTÉ DE DONNER

Le titre de l'ouvrage de saint Bernard, *De la grâce et du libre arbitre*, le suggère : à la souveraine liberté de Dieu, c'est-à-dire à sa grâce, don pur[1], répond celle de

---

1. Saint Bernard, *Œuvres, op. cit.*, t. I, p. 267 : « C'est Dieu qui est l'auteur du salut, le libre arbitre est seulement capable de le recevoir ; il n'y a que celui-ci qui puisse recevoir ce que Dieu seul peut donner. Mais le salut ne peut exister sans le consentement de celui qui reçoit, de même qu'il ne peut se réaliser sans la grâce de celui qui donne. Consentir, c'est être sauvé. »

l'homme, qui n'est que la réfraction en lui de la liberté divine. Lorsque Luther, pour caractériser la foi, parle d'« œuvre libre[2] » (*freies Werk*) dans l'Esprit, l'expression doit se comprendre dans ce double sens : l'Esprit œuvre librement dans l'âme, et l'âme doit œuvrer librement en Dieu. La religion véritable, à la fois relation à Dieu et preuve d'amour, est, selon Luther, dégagée des impératifs d'obéissance et d'utilité : si nos actes ne déterminent pas le salut, c'est que Dieu, dans son amour, dispense sa grâce comme il l'entend. Quant aux œuvres des hommes, parce qu'elles doivent être louange gratuite et spontanée à Dieu, elles ne peuvent être dictées ni par aucune loi préexistante ni par quelque intérêt que ce soit.

Aux XVIe et XVIIe siècles, les défenseurs de la tolérance insistent sur cette double liberté, divine et humaine, comme étant le fondement même de la religion. Caspar Schwenckfeld (1489-1561) en énoncera clairement ces deux aspects : « La parole de Dieu est libre. [Le Saint-Esprit] ne se laisse ni enfermer, ni contraindre, ni attacher par des articles ; beaucoup moins encore que le vent, il ne se laisse saisir, maîtriser, capturer[3] » ; « la contrainte de conscience, la formulation d'articles, l'enseignement d'une législation humaine n'ont rien à voir avec les choses de la foi[4] ». Au don du Saint-Esprit répond le libre don de l'homme à Dieu. D'un côté, Dieu est libre en nous ; de l'autre, dans sa relation à Lui, l'homme ne peut être soumis à aucune règle. « Le vent

---

2. Luther, *Traité de l'autorité séculière* (1523), in *Werke*, t. XI, p. 264.

3. *Corpus Schwenckfeldianorum*, t. I-XV, Leipzig, 1909-1939, *De cursu verbi Dei*, t. II, doc. 41, p. 596, cité par Lecler, *Histoire...*, *op. cit.*, t. II, p. 180.

4. *Die Erste Teil der christlichen orthodoxischen Bücher*, s.l., 1564, p. 962.

souffle où il veut, tu entends sa voix, mais tu ne sais ni d'où il vient, ni où il va » (Jn 3, 8). Pour le mystique Sébastien Frank comme pour les anabaptistes, la liberté de conscience n'est pas tant la liberté de l'homme que celle de l'Esprit saint en lui[5].

Dieu, parce qu'il est souverainement libre, donne la foi à qui il veut ; la tolérance n'est ainsi que respect envers ce Dieu qui parle à chaque créature comme il l'entend et lui fait advenir ce qu'il lui plaît, sans qu'aucun ordre préexistant ni aucune fin ne le déterminent. Dans le même temps, cette spontanéité-gratuité est la manifestation d'un amour infini qui, par définition, ne se plie à nulle règle.

La religion, parce qu'elle est un « libre don de Dieu », un « don de la grâce[6] », ne saurait faire l'objet d'une quelconque contrainte. Outre saint Jean, les réformés citent volontiers la première lettre de Paul aux Corinthiens (12, 11) : « Tout cela, c'est le seul et même Esprit qui l'opère, distribuant ses dons à chacun en particulier comme il l'entend. » Ce don libre de l'Esprit est radicalement étranger aux principes d'obéissance ou d'utilité : « L'Esprit saint qui accompagne toujours la vraie religion et tout homme qui la possède ne s'achète point avec de l'argent, [...] cet esprit est détaché de tout intérêt temporel, il ne fait aucun usage des richesses et de l'autorité ; il se donne librement à ceux qui le demandent et même à ceux qui ne le demandent point[7]. » La tolérance consiste à s'effacer devant la liberté divine, devant son

---

5. *Cf.* Lecler, *Histoire...*, *op. cit.*, t. II, p. 180 et 226.

6. *Cf.* par exemple Menno Simons (1493-1559), *Omnia opera theologica, of alle de Godtgeleerde Wercken van Menno Simons*, Amsterdam, 1681 ; *Een klare beantwoordinghe over eene schrift Gellii Fabri* (1534), p. 323 ; Caspar Schwenckfeld (1489-1561), *Die Erste Teil...*, *op. cit.*, p. 966, cités par Lecler, *Histoire...*, *op. cit.*, t. I, p. 219.

7. Crell, *De la tolérance...*, *op. cit.*, p. 119.

amour sans rime ni raison : « la liberté de conscience est de l'ordre de la grâce[8] ».

Elle est aussi effacement devant le don de la créature. À ce libre amour divin doit en effet répondre « le don libre de l'âme à Dieu[9] ». Chez Luther, la liberté du chrétien est délivrance de toutes les raisons autres que l'amour pour Lui, gratuité, acte pur de tout intérêt, même transcendant : « Il n'est pas possible qu'une œuvre plaise à Dieu, ou qu'une action monte jusqu'à lui, si elle ne s'accomplit pas dans un élan de libre amour[10]. » L'homme est créé libre pour pouvoir donner. Ainsi que le résume le père Vaissière, « la liberté est condition de l'amour, et l'amour seule raison d'être de notre liberté[11] ».

Comme il n'y a pas de véritable don sans liberté de donner, il n'y a pas de véritable religion sans liberté de croire. Dans le premier tiers du XVIe siècle, Scharnschlager le clame à l'instar de Luther : l'amour de Dieu suppose que l'on puisse le « servir spontanément, sans pression et sans contrainte[12] ». De même, pour Sébastien Frank, la relation à Dieu est nécessairement libre de tout commandement. Seul le don « volontaire et joyeux » est agréable à la divinité. C'est pourquoi, indique-t-il sous l'autorité de saint Paul[13], tout en matière de religion doit se faire librement, dans la « pure liberté de l'Esprit[14] ».

---

8. Cottret, « Tolérance ou liberté de conscience ?... », *op. cit.*, p. 335.

9. Selon l'expression du père de Montcheuil (fondateur, après la Seconde Guerre mondiale, de « Jeunesse de l'Église »), cité par Vaissière, *Fondements de la cité, op. cit.*, p. 175.

10. Luther, *À la noblesse chrétienne...*, *op. cit.*, p. 161.

11. Vaissière, *Fondements de la cité, op. cit.*, p. 175.

12. Scharnschlager, *Appel à la tolérance, op. cit.*, p. 105.

13. Rm 12.

14. Cité par Lecler et Valkhoff, *Les Premiers Défenseurs...*, *op. cit.*, p. 161.

« Dieu veut nous avoir à ce point libres, même à l'égard de sa propre loi, que nous ne fassions rien par nécessité, mais tout librement et volontairement [...]. Lorsqu'une chose a lieu sous la pression de la loi ou d'une ordonnance écrite, elle ne vient plus de la foi, ni de la liberté, ni de l'impulsion ou inspiration de l'Esprit[15]. » Castellion redira que Dieu « ne veut avoir que des disciples volontaires, et sans contrainte[16] ». Jusqu'au cœur du XVIIIe siècle, de nombreuses voix rappelleront que Dieu « ne veut point une profession forcée de religion[17] », que celle-ci « doit être libre et volontaire ». Dieu « veut les hommages du cœur[18] ». En d'autres termes, la vraie religion répond à la logique du don.

Pour appuyer ces observations, les avocats de la tolérance citent les pères des premiers siècles, comme si l'affirmation d'une liberté aussi radicale avait besoin d'être confortée par l'argument d'autorité. Voltaire convoque Tertullien[19] : « Il n'y a que l'impiété qui ôte la liberté de religion, et qui prétende enchaîner les opinions sur la Divinité [...]. La force n'appartient point à la religion ; on doit l'embrasser de plein gré, et non par contrainte ; [...la religion] doit être adoptée spontanément, non par la force, puisque les sacrifices ne sont

---

15. *Chronica*, 3e p., « von den römischen Ketzen », éd. de 1585, p. 471.

16. *Conseil à la France désolée...*, *op. cit.*, p. 389, cité in Bayle, *Commentaire philosophique...*, dossier, p. 385.

17. Versé, *Traité de la liberté de conscience*, *op. cit.*, p. 30.

18. Voir par exemple, de La Baumelle (protestant), la pièce de théâtre intitulée *L'Asiatique tolérant*, dont le propos est résumé dans *L'Épilogueur moderne* des 13-20 novembre 1752, signalé par Michel Cornaton, « La tolérance voltairienne à la lumière de la conscience chrétienne », in *La Tolérance au risque de l'histoire*, *op. cit.*, p. 145.

19. Voltaire, *Traité de la tolérance*, *op. cit.*, p. 109-111 : « Témoignages contre l'intolérance ».

demandés que de bon gré. C'est pourquoi, si vous nous
forcez à sacrifier, vous ne donnerez rien en fait à vos
dieux ; ceux-ci n'ont pas besoin de sacrifices offerts à
contrecœur[20]. » On relève que Tertullien qualifie de
crime religieux toute obligation en la matière, car l'absence d'acte volontaire anéantit tout bonnement le culte,
qu'il soit chrétien ou païen. On évoque aussi l'édit de
Nicodémie ou rescrit de Licinius (313) qui accorde la
liberté totale de religion, en vertu de cette conviction
selon laquelle il n'est pas de culte valide sans liberté. On
cite Lactance[21], apologiste africain du IVe siècle, qui
affirme qu'il n'est de vrai sacrifice que libre, que toute
pratique religieuse forcée est un sacrilège : « Nous ne
demandons pas qu'on adore Dieu malgré soi. [...] C'est
dans la religion que la liberté a établi sa demeure[22]. »

La tolérance repose ainsi sur l'absence nécessaire de
règle, imposée ou d'intérêt, dans la relation de libre
amour entre Dieu et ses créatures. Dans ces contrées, il
ne saurait y avoir de commandements ni de fins. La
grandeur de l'obéissance à Dieu réside dans l'idée que
rien n'impose d'obéir. Le tolérant, face à la transgression
d'une loi qui peut lui paraître fondamentale, s'incline
devant la manifestation de cette liberté absolue, car elle
seule donne valeur à sa propre soumission. Là réside le
crime de l'intolérance : tout comme l'obligation de donner et le geste intéressé anéantissent l'acte de charité[23],

---

20. Tertullien, lettre *ad Scapulam* ; *P.L.*, I, c. 699.
21. Crell, *De la tolérance dans la religion...*, *op. cit.*, p. 55.
22. *De institutionibus divinis*, V, 20-21 ; *P.L.*, VI, 616, cité par
Lecler, *Histoire...*, *op. cit.*, t. I, p. 68.
23. Ces propos sur la nécessaire liberté de religion connaissent
un développement parallèle aux critiques portées, en particulier par
les mouvements de Réforme, à l'encontre de l'attitude vis-à-vis de la
mendicité et des pratiques de charité. De la même façon que le
crime du mendiant insistant réside en ce qu'il anéantit le don – par-

la contrainte anéantit la vraie religion[24]. La tolérance en est la condition *sine qua non* en ce qu'elle permet à l'homme de poser un acte libre de toute contrainte et de tout intérêt. Quand le berger est un tyran, dit Basnage, ou quand les pâturages (les avantages de la vie) ne sont abondants que lorsque l'on est sous sa coupe, on ne peut juger de l'authenticité de l'amour des brebis, de la gratuité du lien qui les attache à leur maître[25]. En un mot, parce que la religion consiste, selon l'expression de l'abbé Yvon, « dans l'hommage sincère que la créature fait à son créateur de tout son être[26] », il n'est de vraie religion que dans le libre culte.

On mesure l'argument que semble perdre le parti de la tolérance quand cette vision religieuse de liberté s'estompe dans le libre amour réciproque. Si le ciel est vide et si nul, au-dessus de toute contingence terrestre, ne pratique ni ne revendique le don sans contrainte, la liberté se trouve privée de ce fondement majeur qui la préserve de toute atteinte humaine.

Sans doute le christianisme proclame-t-il que l'amour de Dieu et l'amour du prochain ne font qu'un[27]. Un des aspects radicaux de la doctrine de Luther réside en ce qu'elle tire les conséquences de cette équivalence : les hommes se mouvant librement par rapport à Dieu, ils se meuvent nécessairement de même les uns par rapport

---

tant, le geste salutaire – en forçant à donner, le crime de l'intolérant réside en ce qu'il anéantit la libre adhésion.

24. La Broue, *L'Esprit de Jésus-Christ...*, *op. cit.*, p. 46.
25. Basnage de Beauval, *Tolérance des religions*, *op. cit.*, p. 43.
26. Yvon, *Liberté de conscience...*, *op. cit.*, t. II, p. 36.
27. Ne serait-ce que par cette parole du Christ (Mt 25, 40) : « Ce que vous avez fait au plus petit d'entre les miens, c'est à moi que vous l'avez fait. » De même saint Jean (1 Jn 4, 20) : « Celui qui dit : "J'aime Dieu", et qui n'aime pas son frère, celui-là est un menteur. »

aux autres. Dégagée des commandements d'une part, des intérêts d'autre part[28], la liberté du chrétien est possibilité d'agir « gratuitement par un acte de libre amour », tant à l'égard de Dieu que de son prochain. Dès l'instant qu'il est dans la foi, le chrétien s'adonne à une « existence libre, spontanée, joyeuse » qui le remet – « serf corvéable en toutes choses et soumis à tout le monde » – à la volonté de son prochain. À l'instar des thélémites de Rabelais, il trouve son bon plaisir dans celui de chacun. Il se soumettra à tous les pouvoirs humains, « pour servir ainsi librement autrui et l'autorité, et accomplir leur désir par un acte spontané de charité[29] ». La voie est libre pour l'oppression ; la loi du « libre amour » supprime toute problématique de tolérance.

Luther illustre ainsi très tôt les conséquences de la tolérance fondée sur le principe de liberté poussé dans sa logique extrême : celle du détachement évangélique. On te demande ton manteau, tu donnes encore ta tunique ; on te frappe sur une joue, tu tends encore l'autre. Cette indifférence à l'égard de toutes choses, dira Rousseau, procède de l'idéal spirituel le plus élevé ; mais parce qu'elle dissout tout ordre politique, elle est impraticable.

En deçà des considérations mystiques d'un Luther sur la vie gratuite, le don – à côté de la règle et de l'intérêt communs – est un des éléments constitutifs de la communauté humaine. Il n'est pas de société sans don. La tolérance, en tant que place laissée non pas au libre don à Dieu, mais au libre don à son semblable, conserve un relief particulier. Elle s'impose pour laisser chacun exprimer librement son amour qui est le lien social par excellence, apporter sa contribution spontanée à la

---

28. Luther, *La Liberté du chrétien, op. cit.*, p. 223.
29. *Ibid.*, p. 206, 219-221, 227-230, 265.

communauté. Fichte défend la liberté de pensée en la justifiant explicitement par cette exigence de gratuité. Pour le disciple de Kant, la pensée, parce qu'elle est spontanée, sans but et sans force, est le domaine éminent du don pur, donc de l'humain : elle est « l'échange le plus digne [de l'humanité], le libre don et la libre acceptation de ce qu'elle a de plus noble ». Le droit de donner et de recevoir librement est inaliénable ; nul ne saurait y renoncer sous peine de ne plus être un homme[30]. De même, John Stuart Mill insiste sur la valeur de l'originalité et de la spontanéité des idées et des actes ; elles sont sans doute la condition du progrès et du bonheur, mais aussi, la libre contribution de chacun au travers de ce qu'il a de plus authentique, elles sont le corps même du social.

Ce souci de préserver la spontanéité et la gratuité pour elles-mêmes se retrouve dans un autre champ de la réflexion du XIXe siècle libéral : celui de la charité. Si l'on doit rester libre de donner alors même qu'il s'agit d'une obligation majeure, c'est que, pour la sauvegarde des liens fraternels entre les hommes, il ne faut pas anéantir la possibilité du don gratuit. Il en va de même pour la tolérance : elle appelle à partager la vérité du prochain comme « le pain de l'Eucharistie à la cène universelle de l'esprit[31] ». La vérité de chacun réside dans sa singularité ; accepter celle-ci revient à l'accepter lui-même, à recevoir « le don, en quelque sorte, de son âme et de sa sincérité[32] », à entrer en communion – selon l'image reprise par Gabriel Marcel – avec les raisons d'autrui, avec sa propre « vie spirituelle[33] ».

---

30. Fichte, *La Revendication de la liberté de pensée*, *op. cit.*, p. 15.
31. Pelletan, *Le Droit de parler...*, *op. cit.*, p. 7.
32. Abauzit, *Le Problème de la tolérance*, *op. cit.*, p. 245.
33. Marcel, *Phénoménologie...*, *op. cit.*, p. 280.

Dans cette optique, la tolérance consiste à laisser le champ libre à l'édification du lien social. Parce que l'expression de la pensée est don de soi, l'entraver revient à refuser la personne en ce qu'elle a de singulier, donc à nier le lien communautaire. La vérité et la portée de l'idée exprimée importent peu ici. Refuserait-on le cadeau d'un enfant parce qu'il offre un objet insignifiant ? Ce refus serait sans doute un acte terrible, apparenté à ce très mystérieux péché contre l'Esprit dont il est écrit qu'il ne sera pas pardonné.

LA LIBERTÉ DE CRÉER

La liberté pure s'exprime aussi dans la création, que celle-ci soit l'attribut de Dieu ou la « création de soi » chère à notre temps.

Les mystiques du XVIe siècle affirment que la conscience est libre, car elle est présence de l'Esprit créateur. Si l'homme est (doit être) libre, c'est que l'Esprit est (doit être) libre en lui. Imaginer l'homme enchaîné à des règles ou à des prescriptions revient à congédier en lui l'Esprit de Dieu. L'idée est au cœur des courants de Réforme : pour Luther, les chrétiens doivent « être libres et courageux, et ne pas tolérer que l'esprit de liberté, comme l'appelle saint Paul (2 Co 3, 13), soit mis en fuite[34] ».

Plusieurs mystiques du XVIe siècle, parmi lesquels Jacob Böhme, invoquent la liberté du Créateur pour défendre la tolérance des idées. L'Esprit saint transcende toute nécessité et tout commandement. Insaisissable, il ne saurait être enfermé dans des dogmes et des

---

34. Luther, *À la noblesse chrétienne...*, *op. cit.*, p. 116.

pratiques ; il faut au contraire le laisser parler en soi et en chaque homme : « L'esprit de Dieu [...] ne permet pas qu'on lui impose lois[35]. » De même, le *Catéchisme des Églises de Pologne* de 1605 s'insurge contre la prétention à vouloir lutter contre le Tout-Puissant en refusant la libre expression des opinions sur les choses divines. « Qui êtes-vous, petits hommes qui vous efforcez d'éteindre et d'étouffer ce feu de l'Esprit que Dieu a voulu allumer dans ses serviteurs[36] ? » Ces propos reconnaissent la libre parole de l'Esprit en chaque conscience, mais ils revendiquent aussi la liberté d'expression des « opinions » – le mot est là, même s'il ne concerne que les « choses divines » – au nom de la liberté de parole du Saint-Esprit. « Les droits de la conscience [...] sont directement ceux de Dieu même[37] », dira Bayle.

Lorsque le XIXᵉ siècle romantico-libéral justifie la tolérance en reprenant le thème du « génie » hérité du siècle de Rousseau, il se situe, d'une certaine façon, dans la même perspective. Il faut laisser parler le génie en l'homme dans la mesure où il est inspiration, où il témoigne d'une présence en lui qui le dépasse de toute part, d'un élan créateur de la Nature, sorte de laïcisation de l'Esprit saint. Sans doute cette revendication est-elle associée à une logique utilitariste qui voit dans la liberté laissée au génie le moyen pour la communauté de parvenir à ses fins suprêmes – qu'il s'agisse de vérité ou de bonheur. Dans le même temps, cependant, le génie vaut pour lui-même, pour cette spontanéité posée comme

35. *Antidote ou Contrepoison contre les conseils sanguinaires et envenimés de Philippe de Marnix, Sr de Sainte-Aldegonde, op. cit.,* p. 86.
36. *Catéchisme de Rakov* (1605) ; *Catechesis ecclesiarum polonicarum,* éd. de Stauropolis, 1684, Introduction.
37. Bayle, *Commentaire philosophique..., op. cit.,* p. 129.

valeur en soi, comme possibilité de création, et comme le propre de l'humanité[38].

Fichte semble, ici encore, à la charnière de ces deux approches. Que la liberté de pensée fasse la prospérité des États ne l'intéresse guère. Ce qu'il veut démontrer, c'est qu'en elle réside le bonheur de l'homme et que celui-ci se réalise « dans la spontanéité libre et sans obstacles ». De même, John Stuart Mill défend la « spontanéité individuelle » au nom de son rôle dans le progrès humain, insistant lui aussi sur sa valeur en tant que libre manifestation de la personnalité. Ainsi se plaint-il de l'air du temps : « Le mal vient de ce que les modes de pensée habituels ne reconnaissent que rarement une valeur intrinsèque ou un mérite propre à la spontanéité individuelle [...], les réformateurs moraux excluent la spontanéité de leur idéal[39]. »

D'une façon générale, les utilitaristes voient dans le génie créateur non seulement une condition du progrès, mais aussi le propre de l'humain. Cet argument est repris par nombre de défenseurs de la tolérance à la charnière du XIXe et du XXe siècle. Un certain Rayot, dans une « conférence populaire » prononcée en 1901, fonde la liberté de pensée sur une exigence de « spontanéité », marque de la « personne » qui crée elle-même sa destinée, et dont le « mode d'action n'est pas déterminé d'avance ». Face à cette liberté constitutive de l'humain, « il faut que je m'arrête, que je m'abstienne d'agir[40] ». Boudeville, en 1912, entend qu'on laisse parler en chaque homme son « génie créateur ». Ce génie est, certes, ce que nous honorons dans ceux qui font pro-

---

38. Fichte, *La Revendication de la liberté de penser*, op. cit., p. 34-35.

39. Mill, *De la liberté*, op. cit., p. 108.

40. Rayot, in Ballaguy *et al.*, *Conférences populaires*, op. cit., p. 133.

gresser l'humanité, « les savants, les artistes, les penseurs » ; cependant, c'est à « la fécondité et [à] la création » comme à la forme la plus élevée de l'existence que l'on doit aussi faire place. L'« activité créatrice ou propagandiste d'idées » est sacrée, « comme le droit même de vivre[41] ». Liberté laissée au « n'importe quoi », donc au pire ! objectent les adversaires de la liberté de conscience. Non, leur rétorquent ses partisans, puisqu'elle va de pair avec l'idée que l'homme crée à partir d'une nature commune, celle-là même qui oriente tout effort humain vers le Vrai, le Beau et le Bien. La tolérance qui en découle trouve ainsi sa raison et ses limites dans une même tension vers l'idéal réputé commun.

L'idée de la création qui domine aujourd'hui ne fait plus référence à cet idéal commun. Aux yeux des défenseurs mêmes de la tolérance, son caractère radical ne lui permet plus de justifier raisonnablement celle-ci. Pour Raymond Polin, c'est avec Jean-Jacques Rousseau que s'estompe l'idée de réalisation d'une « nature humaine » préexistante[42]. C'est alors que commence à s'installer cette conviction des temps présents : la liberté de l'homme ne consiste pas à retrouver ou à laisser s'exprimer en lui une essence de l'humanité, mais à se perfectionner, à se dépasser, au bout du compte à se créer soi-même. Puisque l'homme est démiurge de lui-même et de ses propres valeurs, toutes les formes d'édification de l'individu, sans référence à un modèle, sont justifiées.

Dans les replis de cette inquiétude sur les conséquences du subjectivisme absolu, on perçoit la dénonciation de cette tolérance libérale qui, faisant de chacun le maître de ses propres valeurs, l'autorise à n'importe quoi. Mais, au regard de ces critiques, la tolérance

---

41. Boudeville, *La Liberté d'opinion, op. cit.*, p. 24 et 28.
42. Polin, *La Liberté de notre temps, op. cit.*, p. 108.

moderne fait aussi penser à la ferveur gidienne, passion de l'acte gratuit. Dans ce sillage, toute manifestation de l'individu, du seul fait qu'elle est sans cause et sans but, se donne comme création pure – légitime parce qu'elle semble lavée de tout déterminisme. Le geste créateur primordial n'est-il pas spontanéité et gratuité ? La spontanéité sera création, la gratuité sera création. Kant, en son temps, ironisant sur la prétention de s'affranchir, « dans un audacieux élan[43] », des lois mêmes de la raison, signalait déjà cette croyance en la capacité créatrice des individus au travers de la libération des normes.

La conception existentialiste de l'homme créateur paraît également justifier une tolérance qui serait respect de la liberté de ce semblable voué à l'invention de soi. Si nous ne pouvons éviter de choisir, si nous sommes condamnés à cette liberté radicale, il nous faut bien risquer une pensée et une action purement spontanées, non justifiées *a priori*. Il n'y a que des « décisions sans fondements, des sauts dans le vide[44] » sans aucune règle de comportement ; l'individu invente sa propre morale, tout comme, selon la comparaison de Sartre, l'artiste crée son propre tableau[45]. Nous voilà autorisés, voire sommés de contredire l'ordre apparent du monde, de « développer le mépris de ce qui est[46] ».

---

43. Kant, *Qu'est-ce que s'orienter...*, op. cit., p. 86.
44. Michael Walzer, « Comment valoriser le pluralisme ? Une lecture d'Isaiah Berlin », *Esprit*, n° 224, août-septembre 1996, p. 153-164.
45. Sartre, *L'existentialisme est un humanisme*, op. cit., p. 65.
46. Selon telle directive du ministère belge de l'Éducation nationale : P. Vanbergen, Bulletin d'information du ministère de l'Éducation nationale belge, avril 1969, commentaire du Secrétariat autonome des recherches pédagogiques et scolaires, Bruxelles : « L'enseignement rénové, qu'en penser ? », cité par Creuzet, *Tolérance et Libéralisme*, op. cit., p. 20.

Or cette liberté radicale ne conduit-elle pas à nier le principe même de la tolérance ? À l'instar de la liberté du chrétien selon Luther, cet affranchissement de toute norme ne saurait aboutir à une « théorie de la retenue ». Si l'homme n'est plus tenu d'adhérer à une vérité extérieure à lui-même, il reste tenu à l'authenticité[47] puisqu'il est mis en demeure d'avoir une « position », et de la défendre par son « engagement ». Nulle justification ici pour cette suspension de l'agir qui est le propre de la tolérance. Quelle valeur pourrait-on donner à une attitude consistant précisément à ne pas s'opposer de toutes ses forces à ce que l'on désapprouve ? N'est-elle pas que dérobade face à notre liberté morale ?

Au demeurant, par le seul fait d'exister, l'homme ne porte-t-il pas atteinte à la liberté d'autrui[48], ne serait-ce qu'en l'enfermant dans sa vision tolérante du monde ? On voit en tout cas s'éloigner cette idée du XVIIIe siècle, fondement du libéralisme, selon laquelle la liberté de chacun pouvait s'épanouir sans anéantir celle d'autrui. Chaque homme disposait d'une place libre ici-bas. Ainsi pensaient Turgot, Benjamin Constant[49] ou encore John Stuart Mill. À l'inverse, dès lors que la liberté de l'individu, selon Sartre, attente nécessairement à celle du prochain, dès lors qu'à l'instar de la liberté de la jungle elle se conquiert sur le territoire d'autrui, elle ne justifie que la non-tolérance.

Loin de toute construction théorique, l'air du temps reflète cette révolution. Nos savoirs et nos philosophies suggèrent que le monde s'ordonne dans les conflits permanents entre les êtres, dans la confrontation des affir-

---

47. Selon l'expression de Jean-Paul II, *La Splendeur de la vérité*, Mame/Plon, 1993, p. 54-57.
48. Sartre, *L'Être et le Néant* (1943), Gallimard, 1980, p. 460.
49. Constant, *De la liberté des brochures...*, *op. cit.*, p. 2.

190POURQUOI LA TOLÉRANCE

mations de soi de sorte que l'attentat à la liberté d'autrui
tend à ne plus apparaître comme un véritable désordre.
Si nous sommes guidés par la seule logique de l'acte
créateur de soi, toute contention tend à être considérée
comme un insupportable dictat. Aussi bien les sciences
psychologiques fournissent-elles des justifications aux
« expressions de soi » les plus agressives. Ainsi, selon
certains, convient-il de tolérer l'appel au meurtre d'un
texte rap parce qu'il « est aussi un exorcisme. Plutôt que
de chercher à les censurer, il faut écouter ces textes[50] ».
Le défoulement serait une authentique thérapeutique[51],
justification majeure dans une civilisation structurée en
profondeur par l'idéologie sanitaire.

Le motif le plus puissant réside cependant dans cette
nécessité de laisser l'homme s'exprimer dans sa spontanéité. Raymond Polin relève l'apparition récente et
l'usage généralisé du terme de « créativité ». Que l'on
parle volontiers de celle des enfants ne marque pas seulement, comme il le note malicieusement, le « caractère
infantile » de cette notion[52] ; de par sa seule présence
singulière, chaque individu est réputé créateur et doit
voir reconnaître comme création « ce qu'il y a en lui
d'absolument nouveau, de jamais vu, d'inouï[53] ».

Notre relativisme nous interdit de juger la qualité
créatrice, à plus forte raison si c'est lui-même que
l'homme crée à tout instant. Il ne nous autorise qu'à être
les greffiers des différences. Le critère de la création se

---

50. « Certains groupes de rap sont accusés d'être trop "violents" », *Le Monde*, 8 septembre 1995, p. 23.
51. Jusqu'au « Merde, si on peut plus déconner... » que tel animateur d'émission télévisée oppose à la réprobation générale ; « À
propos de l'émission "Osons" de Patrick Sébastien », *Libération*,
25 septembre 1995.
52. Polin, *La Liberté de notre temps, op. cit.*, p. 39.
53. *Ibid.*, p. 38.

réduit donc à la seule singularité. Comme l'œuvre d'art contemporain libérée de toute référence à une valeur ou à un modèle, la pensée et l'action de chaque homme sont création du seul fait de sa différence. On la révère comme expression de l'« intuition particulière », de la « sensibilité irremplaçable de chaque individu[54] ». Le caractère « vivant et créateur » de la vie se trouve dans la production « de la différence et de la singularité ». Or, si l'on admet que celles-ci ne s'élaborent et ne se préservent que dans la « surdité à la valeur des autres[55] », on justifie simultanément et la plus stricte intolérance de celui qui exprime sa différence sacrée, et la tolérance la plus débridée de celui qui doit la recevoir comme originalité créatrice. Le danger est ici de se rendre coupable de briser l'élan spontané constitutif d'humanité. Tout le monde devant ainsi supporter que l'autre ne supporte pas – et réciproquement –, on devine les difficultés que présente ce culte de la différence pour elle-même. Que faire, par exemple, lorsqu'une culture « différente » nie la différence individuelle ? Cette dernière n'est-elle pas elle aussi à défendre pour elle-même ? Ainsi l'école laïque se débat-elle dans la question du « port du foulard ».

Sans doute faut-il, avec Chantal Delsol, le reconnaître : la dénonciation d'une ère de tolérance absolue négatrice de la tolérance est peut-être un thème sans grand fondement concret, une charge théorique, animée de catastrophisme, contre telle ou telle école de pensée. En dépit de l'annonce de l'universelle disparition des valeurs, du laisser-aller qui en résulte, on peut dresser,

---

54. Pierre-André Stucki, *Tolérance et doctrine*, Lausanne, L'Âge d'Homme, 1973, p. 37.

55. Olivier Abel, « La condition pluraliste de l'homme moderne », *Esprit*, n° 224, août-septembre 1996, p. 101-113.

aujourd'hui comme hier, une longue liste des règles per-
çues comme devant être universelles : « À chacun sa
morale, certes, mais à condition que l'on appelle au respect d'autrui sur tous les continents, que l'on exige des
vivants la protection de la planète pour des hommes
encore en attente, et que l'on s'incline en général devant
la pensée correcte [...]. Étrange relativisme. »

Sans doute n'est-il plus possible de poser des règles
comme « vraies » ; pour notre longue mémoire, les
vérités tuent. Cependant, le naufrage des vérités universelles laisse intacte la communauté de l'émotion spontanée. C'est elle qui, quand bien même serait-elle élaborée de toutes pièces par les médias, nous dit ce qui est
tolérable et ce qui ne l'est pas : « Un bien et un mal se
repèrent par l'émotion et par l'indignation. [...] Il s'agit
d'identifier le bien à ce qui plaît et le mal à ce qui déplaît,
au sens de ce qui instinctivement contente ou
répugne[56]. » Une attitude est inacceptable dans la
mesure où elle porte atteinte à l'impression immédiate.
C'est la « pure intuition » qui détermine le mal, partant la
fin de la tolérance.

Même en l'absence de vérités communes, notre tolérance n'est donc pas infinie. Dans un environnement
mental où l'expression de soi règne en valeur suprême,
où la spontanéité légitime une tolérance qui pourrait
être sans limite, c'est encore la spontanéité qui lui fixe
ses bornes.

LA TOLÉRANCE, DON ET CRÉATION DE SOI

Liberté de don et de création laissée à l'homme, la
tolérance est aussi la plus haute manifestation de don et
de création. Nous l'avons constaté : dès le XVIe siècle, la

---

56. Chantal Delsol, « Nature humaine et liberté. Le relativisme
comme simulacre », *Revue des deux mondes*, janvier 1997, p. 91-100.

tolérance est souvent présentée comme amour du prochain. Érasme, Castellion, Bayle la placent sur le même
plan que le geste de don ou de pardon. C'est d'ailleurs
cette dimension qui contribue à la rendre acceptable sur
le plan politique. Pratiquée par le prince, elle ne consiste
pas seulement à composer avec les triviales vicissitudes
de l'ordre terrestre ; elle devient la marque d'un souverain, « maître de [lui] comme de l'univers », spontanément porté à la bénignité[57] par l'amour envers ses sujets.
Voltaire assimile purement et simplement la tolérance à
la bienveillance prêchée par les Évangiles, elle qui
conduit à pardonner à son prochain, en toute fraternité
dans l'imperfection et l'erreur. Bien après lui, Virmaud
rappelle que la tolérance est « le fruit de l'amour, [...du]
charitable amour des hommes[58] ».

Cette justification de la tolérance repose sur une idée
simple : aimer son prochain consiste à lui vouloir du
bien. C'est là, bien sûr, que Bossuet attend le tolérant-
par-amour : le bien supérieur de son prochain est-il son
salut éternel ou son bonheur terrestre ? Vouloir le bien
de son prochain suppose connaître ce qu'est le bien et
ne pas en tolérer d'autre définition. Qu'importe ! le
geste d'amour ne se juge pas sous le seul angle du bien
qu'il procure à autrui, mais en fonction du don qu'il
représente. Sous cet aspect, la tolérance est détachement et don de soi.

Le XVIe siècle tolérant attirait déjà l'attention sur le fait
que le combat pour la vérité procède du zèle à son
endroit, mais aussi de l'amour de soi, et appelait à ne pas
trop s'attacher à ses propres opinions : « Souvent [...] est

---

57. Comme le remarque Raymond Polin, *La Liberté de notre
temps, op. cit.*, p. 114.
58. C. Virmaud, *La Tolérance*, Paris, Imprimerie de H. Richard,
1922, p. 13.

considéré hérétique quiconque n'est pas d'accord avec nous[59]. » Érasme ou Castellion invitent ainsi à un examen de conscience pour mesurer l'attachement porté à une idée – est-elle mienne ou est-elle vraie ? – et présentent l'attitude de tolérance comme la prise de distance qui en résulte. « Les hommes, affirme Clifford au siècle suivant, ont attaché l'infaillibilité et le salut à leurs propres sentiments, et l'erreur et la damnation à ceux qui leur sont contraires[60]. » Une fois opéré ce retour sur soi, reste que la vérité, parce qu'extérieure à l'être humain, justifie son intransigeance. Le tolérant est cependant celui qui est prêt à participer à ce « sacrifice de soi-même et de ses passions[61] », dont Van Paets se demandait en 1686 s'il n'était pas ce qui rebute le plus à l'intolérant.

L'essor du relativisme renforce le poids de ce nécessaire détachement. Dès l'instant que, insistant sur le point de vue du sujet, ou niant l'existence d'une réalité objective, nous voyons dans la vérité une position qui est d'abord « nôtre », l'attitude de tolérance prend un sens plus radical : elle consiste bel et bien à se détacher de ses opinions propres, que Malesherbes assimilait à de simples affections personnelles[62]. L'approche tend à se généraliser au XXe siècle. Virmaud considère la tolérance comme une règle morale, en ce sens qu'elle est dégagement de tout lien d'intérêt, de tout calcul égoïste[63]. Plus précisément, pour Gabriel Marcel, elle est abandon de l'égocentrisme ; oubli de soi, elle manifeste que mon propos n'est pas « de faire entrer autrui dans un ordre

---

59. Castellion, *De haereticis...*, *op. cit.*, p. 48-49.
60. Clifford, *Traité de la raison humaine, op. cit.*, p. 13.
61. Van Paets, *Lettre sur les derniers troubles..., op. cit.*, p. 7.
62. Malesherbes, *Mémoire sur la liberté de la presse, op. cit.*, p. 266.
63. Virmaud, *La Tolérance, op. cit.*, p. 12.

dont je suis le centre[64] ». Elle est le propre d'un amour qui renonce à projeter en l'autre ses idéaux, amour de l'autre au travers de l'amour de son idéal[65], hospitalité de l'esprit[66] capable d'accueillir un temps son pire ennemi contre toute raison.

En acceptant les opinions d'autrui, je cesse de me délecter en moi-même. Il y a du renoncement volontaire dans la tolérance : celui du « privilège de la première personne[67] ». Ce dont il s'agit, c'est bien de la « dépossession[68] » la plus radicale. Version intellectuelle, voire mystique de l'appauvrissement, la tolérance apparaît comme l'acceptation du « libre néant » selon Maître Eckart, de cet instant où l'âme se retrouve dépouillée de la Vérité. Il y a là « un sacrifice qui peut être surnaturel, un désintéressement qui peut être héroïque[69] ».

La tolérance consacre ainsi, en ses limites extrêmes, un oubli de soi déraisonnable. Cette folie oublieuse de toute sécurité et de tout ordre n'est-elle pas précisément ce qui lui confère sa valeur ? Jankélévitch constate que l'on a tendance à être tolérant « faute de pouvoir aimer[70] ». Mais la tolérance ne passe-t-elle pas aussi pour cet héroïsme propre à l'amour même, ce « mouvement d'abandon par lequel le moi remet tous les droits à l'autre en ne gardant que les devoirs[71] » ? Cette irrationalité qui conduit l'homme à protéger l'intolérant et à se

---

64. Marcel, *Phénoménologie...*, *op. cit.*, p. 280.

65. Abauzit, *Le Problème de la tolérance*, *op. cit.*, p. 222.

66. Souleymane Bachir Diagne, « Sous l'éclairage des droits de l'homme », *Le Monde*, 3 novembre 1995, p. 12.

67. Jankélévitch, *Traité des vertus*, *op. cit.*, t. 2, p. 101.

68. Hersch, « Tolérance et vérité », *op. cit.*, p. 242, et « Tolérance entre liberté et vérité », in *Tolérance, j'écris ton nom*, *op. cit.*, p. 53.

69. Jankélévitch, *Traité des vertus*, *op. cit.*, t. 2, p. 101.

70. *Ibid.*, p. 87.

71. Robert Maggiori, *De la convivance : philosophie de la liberté ou philosophie de l'amour ?*, Fayard, 1985, p. 277.

faire « le fol artisan de sa propre défaite[72] » la valorise à nos yeux comme générosité absolue, puisqu'elle est sacrifice de ses valeurs mêmes. Périlleux statut que celui de preuve d'amour ! Sous cet aspect, la tolérance se doit, comme l'offrande à Dieu, de présenter toutes les caractéristiques de l'acte gratuit, spontané, c'est-à-dire de ne se référer ni à aucun ordre préexistant, ni à une quelconque utilité. Par cela même qu'elle supporte l'insupportable, la tolérance s'érige en preuve de cet amour qui ne tient pas compte du mal et supporte tout.

Dans le contexte intellectuel des XVIe-XVIIIe siècles, les défenseurs de la tolérance relevaient l'harmonieuse diversité du créé, pensant alors que la Nature acceptait le plus souvent les différences, et qu'il convenait de l'imiter. Cette perception d'une Nature encore tout habitée de la bonté divine, nécessairement accueillante pour ce qu'elle engendre, culmine au XVIIIe siècle, puis s'estompe. Si l'on doit fixer des repères à ce retournement, il faut citer Malthus et Darwin, qui signalent l'installation d'une certitude nouvelle : il y a de l'intolérance dans l'ordre « naturel » des choses, toute manifestation de la vie présente un caractère agonistique.

C'est sans doute avec l'avènement des grandes sciences humaines que l'opposition des forces au sein de la Nature est donnée comme principe inévitable, voire souhaitable. Au dire de la médecine, le rejet du corps étranger est nécessaire. Dès qu'il y a menace ou atteinte à l'intégrité corporelle, la non-tolérance est perçue comme naturelle. Quant à la psychologie, elle, observe que l'intolérance préserve « l'unité du sujet pensant, l'indispensable croyance implicite au bon fonctionnement de notre intelligence ». Il y a donc un « instinct

72. Paul Dumouchel, « La tolérance n'est pas le pluralisme », *Esprit*, n° 224, août-septembre 1996, p. 165-182.

dogmatique », partie de l'instinct de survie. Plus géné-
ralement, il semble aller de soi que l'homme ne peut
subsister sans un « égoïsme radical », soit pour sa propre
préservation, soit pour celle de son groupe. Ainsi se justifie l'intolérance, individuelle ou collective[73].

De même, sous le regard de la psychanalyse, elle est
donnée comme normale : l'agression contre le monde
extérieur « est plus saine pour le sujet que la résistance
aux pulsions[74] ». S'il est possible d'envisager des
groupes d'hommes liés entre eux par des liens de fraternité, c'est au prix de la désignation des ennemis extérieurs, « pour recevoir les coups[75] ». Freud s'accorde ici
à la pensée totalitaire d'un Carl Schmitt pour qui l'iden-
tification d'un ennemi est constitutive de l'ordre
humain. Au dire de l'anthropologie, c'est aussi par l'intolérance que s'entretient l'identité des communautés[76],
cette différence aujourd'hui considérée comme sacrée.

Sur ce fond d'une intolérance perçue comme nécessaire à la préservation du moi, qu'il soit individuel ou
collectif, la tolérance doit être justifiée autrement. Elle
apparaît à certains comme la manifestation de l'Esprit à
l'encontre des lois de la matière ; non plus comme référence à un ordre des choses qui lui est contraire, mais
comme un affranchissement de celui-ci, libération de
cette pesante nécessité agonistique, échappée créatrice

---

73. Pour cette citation et les précédentes, *cf.* Abauzit, *Le Problème de la tolérance, op. cit.*, p. 26, 50, 71, 79, 94.

74. Françoise Coblence, « Dictature de la raison ? », in Sahel, *La
Tolérance..., op. cit.*, p. 34-46.

75. Sigmund Freud, *Malaise dans la civilisation*, cité par
Coblence, *ibid.*, p. 38-39.

76. « Le prix à payer pour que les systèmes de chaque famille
spirituelle ou de chaque communauté se conservent et trouvent
dans leur propre fonds les ressources nécessaires à leur renouvellement » ; Claude Lévi-Strauss, *Le Regard éloigné*, cité par Alain Fin-
kielkraut, *La Défaite de la pensée*, Gallimard, 1987, p. 15.

par laquelle l'homme s'invente au-delà de ses déterminismes.

Dans cet univers adonné à une mécanique d'opposition des forces, aux actions et aux réactions, elle est « contre nature », miraculeuse contradiction à un ordre naturel réputé invincible. Pour Franck Abauzit (en 1939) ou Gabriel Marcel (en 1940), si la tolérance est une valeur, c'est dans la mesure où l'intolérance, auto-affirmation de soi, apparaît comme une nécessité de nature pour l'esprit humain. De même, Paul Ricœur ou Françoise Héritier soulignent que « l'intolérance a sa source dans une disposition commune à tous les humains[77] », qu'elle procède d'une tendance naturelle en eux à assurer « la cohésion de ce qui est considéré comme relevant du Soi[78] ».

Dès l'instant que la tolérance « n'est pas une attitude naturelle », que nos « réflexes spontanés » sont au contraire supposés pousser « dans l'autre direction », elle se présente comme une modalité de la maîtrise de soi, comme le résultat d'un « travail personnel », au bout du compte comme une vertu. Étrange propension, que l'on croit observer parfois chez l'animal humain, consistant à agir sciemment à l'encontre de ses inclinations et de ses intérêts ! Elle est « cause créatrice », dit Franck Abauzit, échappée inattendue et gratuite relevant de « cette capacité extraordinaire, magique, que l'homme possède de se créer lui-même, de faire sa propre personnalité morale[79] ».

Loin de la dévaluer, son caractère irrationnel contribue à lui donner sens. Sans doute y a-t-il « quelque

---

77. Paul Ricœur, « État actuel de la réflexion sur l'intolérance », in *L'Intolérance, op. cit.*, p. 20-23.

78. Françoise Héritier, « Le Soi, l'Autre et l'intolérance », in *L'Intolérance, op. cit.*, p. 24-27.

79. Abauzit, *Le Problème de la tolérance, op. cit.*, p. 191 et 193.

chose de psychologiquement invraisemblable à imaginer que, en dépit d'évaluations morales certaines, on pourrait se contraindre systématiquement à l'abstention[80] ». C'est précisément cette invraisemblance qui fait de la tolérance une libération du déterminisme le plus puissant : l'empire de nos certitudes. Agir contre celles-ci peut être crime en tant qu'elles sont vraies ; c'est envolée suprême en tant qu'elles sont miennes. Ainsi médite Paul Valéry : « Un esprit vraiment libre ne tient guère à ses opinions. S'il ne peut se défendre d'en voir naître en soi-même, [...] il réagit contre ces phénomènes intimes qu'il subit[81]. »

Dans la mesure où toute appréhension de la vérité est donnée comme subjective, où la question de cette distinction et de ce doute entre vrai et mien ne se pose même plus, la tolérance n'est que renoncement à une opinion qui est seulement mienne, détachement de l'ordre du moi, contradiction à l'ordre de la confortation de soi. En cela, elle est proprement créatrice : « distance intérieure » grâce à laquelle nous cessons d'« adhérer à nos propres pensées comme le mollusque à sa coquille[82] », elle est affranchissement du lourd déterminisme que constituent nos certitudes et nos goûts, et la condition du progrès spirituel. Abandon de « l'imposture de l'identité[83] », la tolérance devient « un pas hors

80. Canto-Sperber, « Les limites de la tolérance », *op. cit.*, p. 132.

81. Paul Valéry, « Fluctuations sur la liberté », in *Regards sur le monde actuel* (1945), in Huisman, *Les Philosophes et la liberté, op. cit.*, p. 11.

82. Roger-Pol Droit, « Les deux visages de la tolérance », *op. cit.*, p. 19.

83. Francis Rosenstiel, « Intolérance, le carnaval des vampires », *Libération*, 22 mars 1994, p. 5.

de soi[84] », porte ouverte au basculement soudain, « mystérieuse capacité de l'âme à se convertir en toutes choses[85] », participant ainsi aux pouvoirs de renouvellement, d'aventure, de créativité, de libre création de soi.

Sous son aspect d'abstention, la voici réinterprétée comme acte de création par excellence. Nous l'avons déjà constaté, les moralistes contemporains insistent sur le renoncement qu'elle suppose : « Tolérer, écrit André Comte-Sponville, c'est [...] renoncer à une part de son pouvoir, de sa force, de sa colère[86]. » Claude Sahel évoque cette gratuité de la tolérance de la part du fort « qui a le pouvoir d'écraser, et ne le fait pourtant pas[87] ».

Or celui qui, possédant ainsi la puissance et voyant des choses qui ne sont pas comme il voudrait qu'elles soient, retient délibérément sa main, celui-là exerce à nos yeux la liberté de sa liberté, comme s'il nous présentait l'insondable énigme de la Création. Par sa retenue spontanée et gratuite, le tolérant se fait semblable à la représentation nouvelle de ce Dieu qui n'est plus *Sabaoth* – dieu des armées –, mais Créateur en ce qu'il renonce à agir. Pour Michel Serres, inspiré en cela des mystiques de l'absence, c'est en se retirant que Dieu crée, en retenant sa main pour laisser vivre sa création. Il « se retient de toute éternité. Nous survivons peut-être de cette réserve. Peut-être Dieu n'a-t-il créé le monde que dans le champ de son abstention ? ». La tolérance divine est l'acte créateur de celui dont le déterminisme de la puissance devrait tout anéantir dans son unité et qui, pourtant, s'abstient. Aussi bien l'homme ne sera-t-il

---

84. Souleymane Bachir Diagne, « La tolérance et les cultures », in *Tolérance, j'écris ton nom, op. cit.*, p. 114.

85. Humberto Giannini, « Accueillir l'étrangeté », in Sahel, *La Tolérance..., op. cit.*, p. 20-33.

86. Comte-Sponville, *Petit Traité..., op. cit.*, p. 212.

87. Sahel, *La Tolérance..., op. cit.*, préface, p. 13.

jamais si grand que lorsqu'il laissera vivre ce qui n'est pas lui. « L'humanité commence avec la retenue[88]. » Par elle, l'homme se place à la hauteur de celui dont toutes choses procèdent de l'absence ou de l'abstention. Dans un autre registre, Paul Ricœur, abordant la question de la tolérance, évoque ce Christ Dieu « dont toute la puissance est celle de la faiblesse[89] ».

LES LIMITES DE LA TOLÉRANCE

« Jusqu'où tolérer[90] ? » Plus que jamais nous préoccupe ce « paradoxe de la tolérance » selon lequel elle s'anéantit elle-même lorsqu'elle se veut illimitée, puisqu'elle laisse toute liberté à l'intolérance[91]. Quand on tolère en vertu du principe de liberté, il n'est pas de limites à la tolérance : on s'interdit d'interdire.

Les mouvements libertaires de la fin des années 1960 ont posé la question : Julien Freund y redécouvre que « la tolérance universalisée engendre l'intolérance [...]. Le subjectivisme individualiste [...] a miné les barrières qui protègent la tolérance contre ses propres excès, et qui la dénaturent en intolérance d'une liberté sans frein, rejetant toute autorité et toute règle[92] ». Marcuse ne disait pas autre chose lorsque, identifiant la tolérance comme la valeur fondatrice de l'ordre libéral, il critiquait

88. Serres, *Le Tiers instruit, op. cit.*, p. 180.
89. Ricœur, « Tolérance, intolérance... », *op. cit.*, p. 449.
90. « Jusqu'où tolérer ? », forum *Le Monde*-Le Mans, 27-29 octobre 1995.
91. Karl Popper, *La Société ouverte et ses ennemis*, Seuil, 1979, t. 1, p. 222, n. 4.
92. Freund, « Conflictualité sociale... », *op. cit.*, p. 85.

ce « principe de la tolérance pure » qui pérennise l'idéologie la plus forte.

Chacun à leur manière, Marcuse, Jankélévitch, Popper, Polin, Comte-Sponville[93] ou Attali en viennent à
rappeler que s'il y a du tolérable, c'est qu'il y a des
limites à la tolérance ; que le problème du tolérant n'est
pas tant de supporter que de savoir là où il va cesser de
supporter pour préserver la tolérance même. Le voici à
nouveau confronté à la question des valeurs, de ce qu'il
considère comme l'ordre intransgressible des choses et
comme les buts humains légitimes. Constatant que
« l'intolérance est parfois nécessaire à la liberté », Raymond Polin retrouve, à l'instar de Rousseau et de son
temps, la nécessité d'un catéchisme : « reconnaissance
d'un *credo minimum*, [...] reconnaissance par chacun du
caractère social de la nature humaine, [...] de la nature
politique de l'homme, [...] reconnaissance unanime de
la justice de cet ordre ». Tout comme Rousseau ou Helvétius, il demande que soient exclus de la société « ceux
qui refusent ce credo », car « ils constituent un danger
mortel pour les valeurs qui la font vivre[94] ». « Il faut bien,
signale plus évasivement Jean-François Lyotard, s'appuyer sur quelques repères stables. Au risque de bascu-
ler dans l'intolérance[95]. » Quant à Tzvetan Todorov, il
redécouvre rien moins que les critères millénaires de la
contrainte légitime : « Le droit de la tolérance illimitée
favorise les forts au détriment des faibles. La tolérance

---

93. Comte-Sponville, *Petit Traité...*, *op. cit.*, p. 213. Poussée à sa
limite, la tolérance « finirait par se nier elle-même puisqu'elle laisse-
rait les mains libres à ceux qui veulent la supprimer ». *Cf.* également
Jankélévitch, *Traité des vertus*, *op. cit.*, t. 2, p. 92 ; Popper, *La Société
ouverte...*, *op. cit.*, t. 1, p. 222, n. 4.

94. Polin, *La Liberté de notre temps*, *op. cit.*, p. 159, 161, 164.

95. Jean-François Lyotard, « Nous avons besoin d'interdictions », *Le Monde*, 2 novembre 1995.

pour les violeurs signifie l'intolérance pour les femmes. Si on tolère les tigres dans le même enclos que les autres animaux, cela veut dire qu'on est prêt à sacrifier ceux-ci à ceux-là [...]. Les faibles, physiquement ou matériellement, sont les victimes de la tolérance illimitée ; l'intolérance à l'égard de ceux qui les agressent est *leur* droit, non celui des forts[96]. » Parvenus à ces limites extrêmes où le principe de liberté se trouve mis en cause, nous devons, au nom de la liberté même, sonner le glas du principe de tolérance absolue. Marcuse, Polin, Lyotard ou Todorov, chacun à leur façon, réénoncent la vigoureuse formule de Lacordaire : « Entre le fort et le faible, c'est la liberté qui opprime, c'est la loi qui libère. »

Aussi bien le tolérant d'aujourd'hui a-t-il pour premier souci de s'inscrire en faux contre tout laisser-faire. Lorsque Paul Ricœur évoque la tolérance, c'est pour parler dans le même temps de « devoir d'intolérance », alors qu'André Comte-Sponville souligne qu'« il y a bien de l'intolérable, même et surtout pour le tolérant[97] ». On « ne peut pas être tolérant avec ce qui est intolérable[98] ». Lorsque, en janvier 1997, une manifestation de « tolérance mutuelle » est organisée à Vitrolles, ses participants définissent celle-ci comme opposition à l'« intolérable intolérance[99] ».

On pense irrésistiblement au cri d'Helvétius : « Qui tolère les intolérants se rend coupable de tous leurs crimes[100]. » Sans doute les deux points de vue ne peuvent-ils être tenus pour équivalents. Helvétius entend l'intolérance dans le sens fort de la voie de fait ou de l'attentat concret à la liberté d'autrui. Elle est aujourd'hui

---

96. Todorov, « La tolérance et l'intolérable », *op. cit.*, p. 209.
97. Comte-Sponville, *Petit Traité...*, *op. cit.*, p. 215.
98. Giannini, « Accueillir l'étrangeté », *op. cit.*, p. 22 et 23.
99. *Cf. Le Monde*, 23 janvier 1997, p. 36.
100. Helvétius, *De l'homme...*, *op. cit.*, s. IV, ch. 19, p. 398.

pure attitude de l'esprit, en sorte que notre intolérance à l'égard de l'intolérance offre d'autres contours, au demeurant inégalement rassurants. D'une part, elle n'est qu'une « protestation » intellectuelle qui, sans doute parce qu'elle use de la puissance des médias, peut se croire, comme la vérité même, forte de sa seule faiblesse. D'autre part, elle s'autorise à sonder les intentions et les abstentions : « Il faut être intolérant à l'indifférence, non seulement intolérant à l'intolérance, mais intolérant à l'indifférence à l'égard de l'intolérance[101]. » Est-il certain que l'homme benoîtement assis trouve grâce aux yeux de la tolérance militante, vertueuse intolérance qui peine, la plupart du temps, à assumer son véritable nom[102] ?

Quoi qu'il en soit, dans cette optique, ç'est bien l'esprit de « résistance à l'intolérable » qui constitue l'humanité[103] : est intolérable la violence, la douleur, la mort, la pauvreté, la faim, le froid, l'ignorance[104] – bref, la vie dans tout ce qu'elle présente d'inéluctablement désagréable. Quelle plus belle réhabilitation, aujourd'hui, pour l'intolérance, que d'être appelée à contredire, elle aussi, l'ordre du monde !

---

101. Jacques Attali, « Le devoir d'intolérance », in *Jusqu'où tolérer ?*, *op. cit.*, p. 41.

102. Ainsi que le remarque Monique Canto-Sperber, « Les limites... », *op. cit.*, p. 140.

103. Jacques Attali, *Le Monde*, 2 novembre 1995, p. 11.

104. Attali, « Le devoir d'intolérance », *op. cit.*, p. 39.

CONCLUSION

Des trois logiques

« Il faut obéir à Dieu, ou à la Nature, dit l'intolérant.

– Bien sûr, répond le tolérant. Dieu et la Nature parlent à notre conscience : il faut donc laisser chacun à sa conscience.

– Non, rétorque l'intolérant, dans l'intérêt des hommes, pour leur salut, leur bonheur, au nom de la vérité, on doit pouvoir les contraindre.

– Sans doute, mais la tolérance contribue à la connaissance de la vérité et au progrès ; elle participe au bonheur ici-bas et assure la félicité dans l'au-delà.

– Mais, affirme l'intolérant, la contrainte est bonne puisqu'elle garantit la liberté du faible contre celle du fort.

– Certes, mais la tolérance *est* liberté. »

Il est tentant de trouver une succession chronologique à ces justifications. Sans doute tant que le pouvoir se légitime avant tout par le maintien d'un ordre voulu par Dieu, le seul argument recevable est que Dieu commande la tolérance. De même, dans la seconde moitié du XVIIᵉ siècle, quand la pensée politique se préoccupe de justifier l'autorité par la poursuite des « fins communes », les plaidoyers en faveur de la tolérance démontrent que celle-ci concourt à leur réalisation. Enfin, à la fin du XVIIIᵉ siècle, quand le discours dominant ne parle que liberté, celle-ci justifie et la contrainte et la tolérance.

Mais la défense de la tolérance ne se règle pas si simplement sur les grandes idées dominantes, et son histoire est loin d'être linéaire. Pendant les cinq siècles de débat que nous avons parcourus, l'obéissant, le pragmatique et le libertaire ne cessent de faire valoir de bonnes raisons d'être tolérant qui s'opposent, se confortent ou se mêlent. C'est cet entrelacs d'arguments hétérogènes, cette « disparité intime qui fait le relief et la force de l'idée de tolérance[1] ». Au fait, le débat sur la tolérance ne participe-t-il pas d'un autre, sous-jacent à toute pensée humaine : ce colloque intérieur entre l'ordre qui nous est imposé, l'adaptation des moyens aux fins et cette mystérieuse liberté, elle-même absence d'ordre et de fins[2] ? Nos raisons de tolérer ne sont peut-être qu'un reflet de ces disparités, de ces heurts et de ces alliances profondes.

Toute proche de la tolérance – son autre nom peut-être en d'autres contrées –, l'hospitalité. Elle aussi répond à la fois à un impératif d'obéissance à une règle, à la nécessité du dialogue et à l'ouverture à l'étranger, source d'inattendu. Nous autres, tolérants obéissants, nous nous soumettons à une loi intransgressible ; tolérants par efficacité, nous préférons, pour la victoire de notre cause, le parlement à la bataille ; tolérants par ennui, il nous faut de l'inconnu pour que quelque chose advienne qui occupe nos vies, qui nous distraie de tout ordre connu ou de toute utilité... Et peut-être aussi pour que survienne une rencontre : « N'oubliez pas l'hospitalité. C'est grâce à elle que quelques-uns, à leur insu, hébergèrent des anges[3]. »

1. Abel, « Pierre Bayle... », *op. cit.*, p. 56.
2. Cette triple approche est évoquée à propos de l'histoire par Paul Veyne, *Comment on écrit l'histoire*, Seuil, 1979, p. 72-73.
3. He 13, 2.

Bibliographie

HISTOIRE DE LA TOLÉRANCE

BECKER (B.), *Autour de Michel Servet et de Sébastien Castellion* (recueil publié sous la direction de), Haarlem, 1953.

BELMONT (P.), *Égalité politique et tolérance religieuse de Roger Williams à Jefferson*, Payot, 1927.

BONET-MAURY (G.), *La Liberté de conscience en France depuis l'édit de Nantes jusqu'à la Séparation*, Alcan, 1909.

BOTS (H.), « L'esprit de la République des Lettres et la tolérance dans les trois premiers périodiques savants hollandais », *Dix-septième siècle*, 1977, n° 116, p. 43-57.

BUISSON (F.), *Sébastien Castellion, sa vie et son œuvre (1515-1563). Étude sur les origines du protestantisme libéral français*, 1892, 2 vol.

Castellioniana. Quatre études sur Sébastien Castellion et l'idée de tolérance (par R.-H. Bainton, B. Becker, M. Valkhoff et S. van der Woude), Leyde, 1951.

COTTRET (B.), « Tolérance ou liberté de conscience ? Épistémologie et politique à l'aube des Lumières », *Études théologiques et religieuses*, Montpellier, 1990, n° 3, p. 333-352.

– , « Tolérance et constitution d'un espace européen. France-Angleterre-Pays-Bas à l'aube des Lumières (1685-1688) », *Bulletin de la Société d'histoire du protestantisme français*, 1988, n° 134, p. 73-86.

DELORMEAU (C.-E.), *Sébastien Castellion : apôtre de la tolérance et de la liberté de conscience*, Éd. H. Messeiller S.A., 1964.

DUBOIS (L.), *Bayle et la tolérance*, A. Chevalier-Marescq, 1902.

GILMORE (M.), *Les Limites de la tolérance dans l'œuvre politique d'Érasme*, Colloquia Erasmiana Turonensia, 1972, 2 vol.

LECLER (J.), « Érasme et la crise religieuse de l'unité chrétienne au XVIe siècle », *Nouvelle revue théologique,* 1950, n° 82, p. 284-295.

–, *Histoire de la tolérance au siècle de la Réforme,* Desclée de Brouwer, 1955, 2 vol. ; réédité, 1994, Albin Michel.

LECLER (J.), VALKHOFF (M.-F.), *Les Premiers Défenseurs de la liberté religieuse* (textes choisis et présentés par), Cerf, 1969, 2 vol.

MICHELIS PINTACUDA (F. de), « Pour une histoire de l'idée de tolérance du XVe au XVIIe siècle », *Revue d'histoire et de philosophie religieuses,* Strasbourg, 1985, vol. 65, n° 2, p. 131-151.

MINOIS (G.), *Censure et culture sous l'Ancien Régime,* Fayard, 1995.

NEGRONI (B. de), *Intolérances. Catholiques et protestants en France, 1560-1787,* Hachette, 1996.

PLONGERON (B.), « De la Réforme aux Lumières. Tolérance et liberté : autour d'une fausse idée claire », *De la tolérance à la liberté religieuse.* À la mémoire du père Joseph Lecler (s.j.), *Recherches religieuses,* 1990, vol. 78, n° 1, p. 41-72.

POMEAU (R.), *La Religion de Voltaire,* Nizet, 1969.

–, « Une idée neuve au XVIIIe siècle, la tolérance », Actes du colloque sur le deuxième centenaire de l'édit de tolérance de 1787, Paris, 9-11 octobre 1987, numéro spécial de la *Revue de la Société d'histoire du protestantisme français.*

PUAUX (F.), *Les Précurseurs français de la tolérance au XVIIe siècle,* Slatkine, 1970, reprod. de l'édition de Paris, 1881.

STACKELBERG (J. von), « La réaction des "philosophes" à la révocation de l'édit de Nantes », *Francia,* 1986, t. 14, p. 231.

THIERRY (P.), *La Tolérance, société démocratique, opinions, vices et vertus,* PUF, « Philosophies », 1997.

La Tolérance au risque de l'histoire, de Voltaire à nos jours, sous la direction de M. Cornaton, Lyon, Aléas, 1995.

La Tolérance civile, Actes du colloque international de Mons, septembre 1981, éd. R. Crahay, Éditions de l'Université de Bruxelles (Études sur le XVIIIe siècle, hors série), 1983.

Tolérance et intolérances dans le monde anglo-américain des XVIIe et XVIIIe siècles, Société d'études anglo-américaines des XVIIe et XVIIIe siècles, Nantes, Université de Nantes, 1981.

La Tolérance, république de l'esprit, Actes du colloque « Liberté de conscience, conscience des libertés », Toulouse, 26-28 novembre 1987, Les Bergers et les Mages, 1988.

TURCHETTI (M.), « Une question mal posée : Érasme et la tolérance. L'idée de sygkatabasis », *Bibliothèque d'humanisme et Renaissance,* 1991, t. LIII, n° 2, p. 279-395.

Voltaire, Rousseau et la tolérance, colloque franco-néerlandais, 1978, Maison Descartes, 1980.

WATERLOT (G.), « Voltaire ou le fanatisme de la tolérance », *Esprit*, août-septembre 1996, n° 224, p. 114-139.

WEBER (M.), *L'Éthique protestante et l'esprit du capitalisme*, Presses-Pocket, 1991.

ZWEIG (S.), *Castellion contre Calvin*, texte français d'Alzir Hella, Grasset, 1980.

SOURCES

ABAUZIT (F.), *Le Problème de la tolérance*, Delachaux et Niestlé, 1939.

ABEL (O.), « La condition pluraliste de l'homme moderne », *Esprit*, août-septembre 1996, n° 224, p. 101-113.

L'Accord de la religion et de l'humanité sur l'intolérance (anonyme), s.l., 1762.

ACONTIUS (J.), *Stratagemata Satanae* (1565), édition française de Delft, 1611.

ALLÈGRE (C.), « Les races n'existent pas. Le racisme est une idée fausse », *Le Figaro*, 12 septembre 1996.

Antidote ou Contrepoison contre les conseils sanguinaires et envenimés de Philippe de Marnix, Sr de Sainte-Aldegonde, s.l.n.d. (vers 1598).

BALLAGUY, BOUGLÉ, DARLU, LOTTIN, RAYOT, *Pour la liberté de conscience, conférences populaires*, E. Cornély, 1901.

BASNAGE DE BEAUVAL (H.), *Tolérance des religions*, Rotterdam, chez Henri de Graef, 1684 ; New York-Londres, Johnson reprint, 1970.

BAYLE (P.), *Ce que c'est que la France toute catholique* (1686), éd. par É. Labrousse avec la collaboration de H. Himelfarb et R. Zuber, 1973.

–, *Commentaire philosophique sur ces paroles de Jésus-Christ : « Contrains-les d'entrer »* (1686), préface et commentaires de J.-M. Gros, Presses-Pocket, « Agora », 1992.

BENASAYAG (M.), « Le foulard islamique et le voile de la pensée », *Libération*, 5 juillet 1995.

BERGA (A.), *Les Sermons politiques du P. Skarga*, Paris, 1916.

BERNARD (saint), *Œuvres*, traduites et préfacées par M.-M. Davy, Aubier-Montaigne, 2 vol., 1945.

BERTIN (P.), *Traité de la liberté de conscience*, Bordeaux, Millanges, 1586.

BOSSUET (J.-B.), *Avertissements aux protestants sur les lettres du ministre Jurieu contre l'histoire des variations*, Vve Cramoisy, 1689.

BOUDEVILLE (E.), *La Liberté d'opinion*, Sens, Imprimerie ouvrière, 1912.

BOUGLÉ (C.), *Liberté de conscience, Religions, Franc-maçonnerie*, Chambéry, 1892.

CANET (abbé), *Nature et histoire de la liberté de conscience*, Bloud et Barral, 1893.

CANFORA (L.), *La Tolérance et la vertu : de l'usage politique de l'analogie*, trad. de l'italien par D. Fourgous, Desjonquères, « Le bon sens », 1989.

CASAMAYOR, *La Tolérance*, Gallimard, 1975.

CASTELLION (S.), *Traité des hérétiques* (1554), édition nouvelle par A. Olivet, Genève, Jullien, 1913.

–, *Conseil à la France désolée...* (1652), éd. Droz, 1967.

–, *De l'art de douter et de croire, d'ignorer et de savoir* (1563), trad. Ch. Baudouin, Genève-Paris, 1953.

CLIFFORD (M.), *Traité de la raison humaine*, publié en 1675, traduit en français en 1682, 2ᵉ édition, Amsterdam, chez la vve de J. Van Dyck, 1699.

COLLINS (A.), *Discours sur la liberté de penser*, Londres, 1714.

COMTE-SPONVILLE (A.), *Petit Traité des grandes vertus*, PUF, 1995.

CONDORCET (M.-J.-A. de Caritat, marquis de), *La Tolérance aux pieds du trône*, Londres, 1779.

–, *Esquisse d'un tableau historique des progrès de l'esprit humain* (1794), éd. Prior, Vrin, 1988.

CONSTANT (B.), *De la liberté des brochures, des pamphlets et des journaux, considérée sous le rapport de l'intérêt du gouvernement*, H. Nicolle, 1814.

CRELL (J.), *De la tolérance dans la religion ou de la liberté de conscience. L'intolérance convaincue de crime et de folie* (1637), traduction de Ch. Le Cène, adaptée par J.-A. Naigeon, de « Vindiciae pro religionis libertate », Londres, 1769 ; Hachette, 1972.

De la concorde de l'État par l'observation des édicts de pacification, Paris, 1599.

DELSOL (C.), « Nature humaine et liberté. Le relativisme comme simulacre », *Revue des deux mondes*, janvier 1997, p. 91-100.

Discours contenant le vray entendement de la pacification de Gand, s.l., 1579.

DUMOUCHEL (P.), « La tolérance n'est pas le pluralisme », *Esprit*, n° 224, août-septembre 1996, p. 165-182.

FICHTE (J.-G.), *La Revendication de la liberté de penser* (1793), F. Chamerot, 1859.

GOODWIN (J.), *Hagiomastix or the Scourge of the Saints displayed in his Colours of Ignorance and Blood*, Londres, 1646.

–, Βασανισται *or the Triers (or Tormentors) tryes and cast by the Laws both of God and of Men*, Londres, 1657.

GRÉGOIRE (H.), *Essai sur la régénération physique, morale et politique des Juifs* (1788), Flammarion, 1988.

GRÉGOIRE XVI, *Mirari vos* (1832), Villegenon, Éditions Sainte-Jeanne-d'Arc, 1981.

GROTIUS (H.), *De veritate religionis christianae* (1627), *Operum theologicorum*, t. III, Amsterdam, 1679.

–, *Le Droit de la paix et de la guerre* (1625), nouvelle traduction par J. Barbeyrac, Bâle, 1768.

HAYEK (F. von), *La Constitution de la liberté* (1959), Litec, 1994.

HUISMAN (B.), *Les Philosophes et la liberté : les grands textes philosophiques sur la liberté* (réunis et présentés par), Huisman, 1982.

L'Intolérance, Académie universelle des cultures. Forum international sur l'intolérance, Unesco, 27-28 mars 1997, Grasset, 1998.

L'Intolérance éclairée, anonyme (curé de Saint-Cyr), s.l., 1777.

L'Intolérance et le droit de l'autre, ouvrage collectif dirigé par J.-F. Collange et J. Duprat, Genève, Labor et Fides, 1992.

JACQUARD (A.), *Éloge de la différence*, Seuil, 1985.

JANKÉLÉVITCH (V.), *Traité des vertus*, Flammarion, « Champs », 1986, t. 2.

JEAN-PAUL II, *La Splendeur de la vérité*, Mame/Plon, 1993.

JURIEU (P.), *Politique du clergé de France*, Cologne, 1681.

–, *Lettre de quelques protestants pacifiques au sujet de la réunion des religions, à MM. du clergé de France*, s.l.n.d.

–, *Des droits des deux souverains*, Rotterdam, 1687.

Jusqu'où tolérer ?, Forum *Le Monde*-Le Mans des 27-29 octobre 1995, textes réunis et présentés par R.-P. Droit, Le Monde-Éditions, 1996.

KANT (E.), *Qu'est-ce que les Lumières ?* (1784), avec *Critique de la faculté de juger*, Gallimard, « Folio », 1989.

–, *Qu'est-ce que s'orienter dans la pensée ?* (1786), Librairie philosophique J. Vrin, 1993.

LA BROUE (de), *L'Esprit de Jésus-Christ sur la tolérance pour servir de réponse à plusieurs écrits de ce temps sur la même matière, et particulièrement à l'Apologie de Louis XIV sur la révocation de l'édit de*

Nantes, et à la dissertation sur le massacre de la saint Barthelemi, s.l., 1760.

Le Monde, 8 septembre 1995, « Certains groupes de rap sont accusés d'être trop "violents" ».

Le Monde, 2 et 3 novembre 1995, à propos du Forum *Le Monde-Le Mans* des 27-29 octobre 1995 : *Jusqu'où tolérer ?*, compte rendu des interventions de J. Attali, J.-F. Lyotard, S. B. Diagne, É. Poulat.

LÉON XIII, *Libertas praestantissimum* (20 juin 1888), sur la liberté humaine, Office international des œuvres de formation civique et d'action doctrinale selon le droit naturel et chrétien, 1962.

L'HOSPITAL (M. de), « Ouverture des états généraux à Orléans le 13 décembre 1560 », in *Œuvres de Michel de L'Hospital*, éd. Dufey, t. I, 1824, p. 375-407.

LOBET (B.), *Tolérance et Vérité*, Nouvelle Cité/Racines, 1993.

LOCKE (J.), *Lettre sur la tolérance* (1667), précédée d'*Essai sur la tolérance* (1689) et de *Sur la différence entre pouvoir ecclésiastique et pouvoir civil*, trad. de J. Le Clerc, introduction, bibliographie et notes par J.-F. Spitz, GF-Flammarion, 1992.

LUTHER (M.), *Traité de l'autorité séculière* (1523), *Von weltlicher Obrigkeit*, in *Werke*, t. XI.

–, *Lettre aux princes de Saxe*, vers 1524, sur Thomas Müntzer et les anabaptistes, in *Werke*, t. XV.

–, *À la noblesse chrétienne de la nation allemande*, in *Les Grands Écrits réformateurs*, traduction, introduction et notes par M. Gravier, préface de P. Chaunu, Flammarion, 1992.

MAGGIORI (R.), *De la convivance : philosophie de la liberté ou philosophie de l'amour ?*, Fayard, 1985.

MALESHERBES (C.-G. de Lamoignon de), *Mémoire sur la liberté de la presse* (1778), Imprimerie nationale, 1994.

MARCEL (G.), *Phénoménologie et dialectique de la tolérance*, in *Du refus à l'invocation*, 5ᵉ éd., Gallimard, 1940.

MARCUSE (H.), MOORE (B.), WOLFF (R.-P.), *Critique de la tolérance pure*, J. Didier, 1969.

MEMMI (A.), « Êtes-vous tolérant ? », *Le Figaro*, 26 octobre 1995.

MILL (J. STUART), *De la liberté* (1859), Presses-Pocket, « Agora », 1990.

MIRABEAU (H.-G. Riqueti, comte de), *Sur la liberté de la presse*, imité de *L'Anglois*, de Milton, Londres, 1788.

MONTESQUIEU (Ch. de Secondat, baron de), *Lettres persanes*, éd. établie par J. Starobinski, 1973.

MORELLET (A.), *Réflexions sur les avantages de la liberté d'écrire et d'imprimer sur les matières de l'administration* (écrit en 1764), Paris, chez les frères Estienne, 1775, in *Opuscules de Morellet*, B.N., Z 23806 (6).

–, *Préservatif contre un écrit intitulé Adresse à l'Assemblée nationale sur la liberté des opinions, etc.*, À Paris, De l'imprimerie de Crapart, in *Opuscules de Morellet*.

–, *Pensées libres sur la liberté de la presse, à l'occasion d'un rapport du représentant Chénier, à la Convention nationale, du 12 floréal*, À Paris, Chez Maret, in *Opuscules de Morellet*.

NICOLAS DE CUES, *De pace fidei*, in *Opera omnia*, éd. de Bâle, 1565.

PAMELE (J. de) (Pamelius), *De religionibus diversis non admittendis. Excellent et très utile traicté de ne recevoir diverses religions en aucun royaume*, Anvers, 1589 ; trad. franç., Lyon, 1592.

PELLETAN (E.), *Le Droit de parler. Lettre à Mr Imhaus*, Paris, Pagnerre, 1862.

PEY (J.), *La Tolérance chrétienne opposée au tolérantisme philosophique, ou Lettres d'un patriote au soi-disant curé sur son Dialogue au sujet des Protestants*, Fribourg, Les Libraires associés, 1784.

PIE IX, *Syllabus* (1864), Office international des œuvres de formation civique et d'action doctrinale selon le droit naturel et chrétien, 1964.

PIE XII, *Discours à l'Union des juristes catholiques italiens*, 6 décembre 1953, Documentation catholique, 23 décembre 1953.

POLIN (R.), *La Liberté de notre temps*, Librairie philosophique Vrin, « Problèmes et controverses », 1977.

POPPER (K.), *Conjectures et réfutations. La croissance du savoir scientifique* (1963), Payot, 1985.

–, *La Société ouverte et ses ennemis*, Seuil, 1979.

RABAUT-SAINT-ÉTIENNE (J.-P.), *Opinion de Monsieur de Rabaut de Saint-Étienne sur la motion suivante de Monsieur le Comte de Castellane : Nul homme ne peut être inquiété pour ses opinions, ni troublé dans l'exercice de sa religion*, Paris, Baudoin, 1789.

RABELAIS (F.), *Gargantua*, établi et annoté par P. Michel, préface de M. Butor, Gallimard, « Folio », 1992.

RAWLS (J.), *Théorie de la justice* (1971), Seuil, 1987.

REBÉRIOUX (M.), « Contre la loi Gayssot », *Le Monde*, 21 mai 1996.

RICŒUR (P.), « Tolérance, intolérance, intolérable », *Bulletin de la Société d'histoire du protestantisme français*, n° 134, 1988-2, p. 435-450.

ROBESPIERRE (M. de), *Sur les rapports des idées religieuses et morales avec les principes républicains et sur les fêtes nationales*, Rapport présenté au nom du Comité de Salut public (18 floréal, an II, 7 mai 1794), in *Robespierre, Discours et rapports à la Convention*, UGE, « 10-18 », 1965.

ROCHÉ (D.), *Méthode critique et idéal laïque*, Carcassonne, édité par l'auteur, 1922.

ROOS (M.), « Le rationalisme expérimental : méthode et pratique, ou la lucidité et la tolérance », *Raison présente*, 1976, n° 37, p. 17-27.

ROSENSTIEL (F.), « Intolérance, le carnaval des vampires », *Libération*, 22 mars 1994.

ROUSSEAU (J.-J.), *Du contrat social*.

–, *Cinquième lettre écrite de la montagne*.

–, *Considérations sur le gouvernement de Pologne*.

–, *Discours sur l'économie politique*, in *Œuvres complètes*, Gallimard, « Bibliothèque de la Pléiade », t. III, Paris, 1964.

–, *Lettre à Christophe de Beaumont, archevêque de Paris*.

–, *Lettre à Voltaire du 18 août 1756*, même édition, t. IV, 1969.

SARTRE (J.-P.), *L'existentialisme est un humanisme* (1945), Gallimard, « Folio-Essais », 1996.

–, *L'Être et le néant* (1943), Gallimard, 1980.

SERRES (M.), *Le Tiers instruit*, éd. François Bourin, 1991.

SIMON (J.), *La Liberté de conscience*, Hachette, 6e éd., 1883.

SPINOZA (B.), *Traité des autorités théologique et politique* (1670), Gallimard, « Folio », 1994.

STUCKI (P.-A.), *Tolérance et doctrine*, Lausanne, L'Âge d'Homme, 1973.

Sur l'édit du mois d'avril 1598, publié le 25 février 1599, anonyme, s.l.n.d.

THIRY (A.), *Liberté religieuse et liberté chrétienne*, Desclée de Brouwer, 1966.

TODOROV (T.), « La tolérance et l'intolérable », in *Les Morales de l'histoire*, Grasset, « Collège de philosophie », 1991, p. 191-212.

Tolérance, j'écris ton nom, ouvrage collectif, Unesco, éd. Saurat, 1995.

La Tolérance : pour un humanisme hérétique, ouvrage collectif dirigé par Cl. Sahel, Autrement, « Morales », 1991.

TURGOT (A.-R.), *Première lettre sur la tolérance*.

–, *Seconde lettre sur la tolérance*.

–, *Le Conciliateur*, in *Œuvres*, t. II, Delance, 1808.

VAISSIÈRE (J.-M.), *Fondements de la cité*, Paris, Club du livre civique, 1963.

VAN PAETS (A.), *Lettre sur les derniers troubles d'Angleterre*, Rotterdam, Reinier Leers, 1686.

VERSÉ (A. de), *Traité de la liberté de conscience* (1687), Fayard, « Corpus des œuvres de philosophie en langue française », 1998.

VEYNE (P.), *Comment on écrit l'histoire*, suivi de *Foucault révolutionne l'histoire*, Seuil, « Points-Histoire », 1979.

VIRMAUD (C.), *La Tolérance*, Imprimerie de H. Richard, 1922.

VOLTAIRE, *Traité de la tolérance* (1763), GF-Flammarion, 1989.

–, *Dictionnaire philosophique* (1769), éd. Étiemble, Garnier, 1967, article « Tolérance ».

WALZER (M.), *Critique et sens commun*, Agalma/La Découverte, 1990.

–, « Comment valoriser le pluralisme ? Une lecture d'Isaiah Berlin », *Esprit*, n° 224, août-septembre 1996, p. 153-164.

YVON (abbé), *Liberté de conscience resserrée dans des bornes légitimes*, Londres, 1754.

Index des noms de personnes

Table des matières

www.ingramcontent.com/pod-product-compliance
Lightning Source LLC
Chambersburg PA
CBHW050706280326
41926CB00088B/2820